KB172306

이육사

시인이기 전에 독립투사

김희곤
지음

이육사

시인이기 전에 독립투사

푸른역사

이육사에게 2024년은 특별한 해다. 1904년에 태어나 1944년에 순국했으니, 2024년은 탄생 120주년이요, 순국 80주기다. 필자가 문학인 아닌 독립운동사 차원에서 그의 생애를 다룬 첫 논문을 쓴 때도 1994년이다. 여기에다가 이육사문학관이 그의 고향에 세워진 때가 탄신 100주년이자 순국 60주기를 맞은 2004년이었다. 돌이켜보면 아무래도 올해에는 이육사를 기리는 움직임이 좀 더 왕성했으면 좋겠고, 여기에 필자도 조약돌 하나라도 쌓는 일을 해야겠다.

앞서 말했듯이 1990년대까지 문학에만 치우쳐 정리되었던 이육사의 생애를 처음으로 독립운동사 중심으로 논문을 쓰고, 2000년에 평전을 펴냈다. 그런 뒤 20년이 넘게 지나는 동안 많은 자료가 발굴되고 연구 지형도 크게 바뀌었다. 안으로는 육사 탄신 100주년, 순국 60주기를 맞은 2004년 이육사문학관이 문을 열면서,

자료 추적과 정리, 그리고 연구에 활력을 불어넣었고, 그의 다양한 작품도 새롭게 발굴되었다. 밖으로는 여러 연구자들이 육사가 활약했던 중국 지역 유적을 조사하면서, 고증이 새롭고도 정밀하게 이루어졌다. 이러한 성과를 디딤돌로 삼아 2010년에 도서출판 푸른역사를 통해 평전을 새로 발간하였다.

이육사문학관에서도 자료집과 평전을 발간하였다. 손병희 교수(현재 이육사문학관장)가 문학작품을 정리하여 《이육사의 문학》(이육사전집 I, 2017)을, 필자가 《이육사의 독립운동》(이육사전집 II, 2017)을, 그리고 필자와 신진희(당시 경북독립운동기념관 학예연구사, 현재 안동대 강사) 공저로 《이육사의 독립운동 자료집》(이육사전집 III, 2018)을 펴냈다. 같은 무렵에 의열투쟁을 집중 조명한 김영범 교수와 문학작품을 꼼꼼하게 추적한 박현수 교수, 그리고 한시를 번역하면서 육사의 내면세계와 윤세주의 연결성 등을 추적 분석한 도진순 교수의 연구가 거듭되면서 육사의 문학과 역사에 대한 연구는 더욱 세밀해지고 범위도 커졌다. 또한 홍석표 교수의 노력으로 신문기사와 작품들이 새롭게 발굴되고 있다. 따라서 육사 생애에 대한 기본 사실마저 조금씩 수정할 필요가 대두하였다.

육사의 생애 40년, 그 가운데서도 활동기 20년이란 세월은 짧다. 그러니 뭐 그리 복잡하고 풀지 못하는 수수께끼가 있을까 싶지만, 갈수록 태산이다. 여러 연구자들의 연구 성과가 깊이를 더해가면서 새롭게 발굴되고 해석되는 것이 많기 때문이다. 더구나 육사의 최후를 함께했던 이병희 여사의 인터뷰 내용을 이번에 새로 검토하다가 마치 바위에 얻어맞은 느낌을 지울 수 없었다. 1994년 대구문화방송 다큐멘터리 방영 직후 안동을 방문하여 필자 연구실과 안동 문화방송국에서 가진 인터뷰 기록을 다시 들추어보다가 어떻게 이것을 놓쳐 버렸나 싶은 사실도 발견하였기 때문이다. 문학보다는 독립운동이 주된 내용이므로 아예 '이육사, 시인이기 전에 독립투사'로 제목도 바꾼다.

이 책을 펴내는 데 이육사문학관 신준영 차장이 사진 자료를 꼼꼼하게 챙겨 주어 큰 도움이 되었다. 그리고 새롭게 판형을 바꾸어 가면서 출판을 맡아 주신 도서출판 푸른역사 박혜숙 대표께도 깊이 감사드린다.

대한민국 106년(2024) 7월

김희곤

한복 입은 이육사

동생 원창과 함께

문인들과

서대문형무소 수감 당시

1938년경 친지들과 불국사 여행 중

1941년경

마지막 독사신.

● 1904년(0세)
5월 18일(음4. 4) 경북 안동군 도산면 원천리(당시 원촌동) 881번지 출생. 부친 진성 이씨 이가호李家鎬(퇴계 이황의 13대손), 모친 허길許吉(허형許蘅의 딸, 허형은 의병장 허위의 사촌). 6형제 가운데 둘째 아들, 본명은 원록源祿, 어릴 때 이름 원삼源三, 자는 태경台卿, 성장 이후 활동 과정에서 이육사李陸史·李肉瀉·李戮史, 이활李活 등 이름 사용.

● 1909년(5세)
조부 치헌痴軒 이중직李中稙에게 《소학》 배우기 시작.

● 1916년(12세)
2월(음1월) 조부 별세, 가세가 기울기 시작, 한문학 수학, 보문의숙에서 청강.

● 1919년(15세)
도산공립보통학교(보문의숙을 공립으로 개편함) 1회 졸업.

● 1920년(16세)
영천 화북면 오동梧洞 마을 안용락安庸洛 딸 일양一陽과 혼인(1921년 혼인 이야기도 있음).

● 1921년(17세)
여자 가족들과 어린 동생들 안동군 녹전면 신평동 526번지 듬벌이로 이사. 육사 형제들 대구 남산동 662로 이전. 동생 원일源一과 함께 석재石齋 서병오徐丙五에게 그림을 배움. 원일은 글씨를 배워 일가 이룸. 처가 근처에 백학학원 설립되자 수학(이듬해까지 보습과 과정), 원삼이라 불림.

● 1922년(18세)
가족들 대구 남산동 662, 또는 662-35 합류.

● 1923년(19세)
백학학원에서 교편 잡음(9개월 동안).

● 1924년(20세)
4월 학기에 맞추어 일본 유학. 도쿄세이소쿠東京正則예비학교, 니혼대학전문부(경찰 기록). 긴조錦城고등예비학교 1간 재학(경찰 신문조서).

● 1925년(21세)
1월 귀국, 대구 조양회관을 중심으로 활동. 2월 이정기·조재만 등과 어울리며 베이징 다녀옴.

● 1926년 (22세)

7월 베이징 중궈中國대학 상과 입학, 7개월 재학(혹은 2년 중퇴). 베이징대학에 다녔다는 주장도 있음.

● 1927년 (23세)

여름에 귀국, '장진홍 의거(10월 18일)'에 얽혀 이원기·이원일·이원조 등 3형제와 함께 구속됨. 학생인 이원조 제외한 나머지 3형제는 장기 구금.

● 1929년 (25세)

5월 4일 육사는 증거불충분, 보석으로 풀려남. 12월 9일 무혐의 면소로 종결. 1년 7개월 억울한 옥살이, 2년 2개월 만에 혐의 없다는 결정.

● 1930년 (26세)

1월 3일 첫 시詩 〈말〉을 《조선일보》에 발표(이활). 광주학생항일투쟁이 파급되자 1월 10일 대구청년동맹 간부로서 구금, 19일 석방. 2월 18일 《중외일보》 대구지국 기자로 임용. 3·1절 앞두고 대구경찰서에 붙잡혔다가 풀려남. 신간회 대구지회 활동. 10월 《별건곤別乾坤》에 시사평론 〈대구사회단체개관〉 발표. 李活, 大邱二六四 이름 함께 사용(숫자로 된 이름 유일한 자료). 첫아들 동윤東胤 출생(만 2세에 사망).

● 1931년 (27세)

1월 21일 레닌 탄생일에 맞춰 대구에 격문이 살포된 '대구 격문 사건'에 얽혀 예비검속 명분으로 붙잡힘. 2월 10일 동생 원일 석방. 3월 23일 불기소 석

방. 6월 육사가 근무하던 《중외일보》 종간(《중앙일보》로 속간). 8월 《조선일보》 대구지국(대구 중구 상서동 23)으로 옮김.

● 1932년 (28세)

1월 14~26일 《조선일보》에 대구 약령시 특집 연재(肉瀉生). 3월 조선일보사 퇴사. 4월 하순 펑톈奉天으로 감, 윤세주 만남. 7월 17일 윤세주·안병철과 펑톈에서 톈진으로 이동. 육사는 베이핑(베이징)으로 가 중궈대학 동창생 자오스캉趙世鋼(중국 지방재판소 검사) 만나 3주일 머물다가 톈진으로 돌아옴. 7월 21일 조선공산주의자협의회 사건으로 기소유예(불기소, 체포 안 된 상태). 9월 김시현·윤세주·안병철과 베이징에서 난징으로 이동. 푸커우역 도착. 10월 20일 난징 근교 탕산, 조

선혁명군사정치간부학교 1기생으로 입교. 6개월 군사간부 교육을 받다.

● 1933년(29세)
4월 20일 1기생으로 졸업(26명), 졸업식에 연극 공연. 4월 국내 발간《대중大衆》창간임시호에 李活 필명으로 시사평론〈자연과학과 유물변증법〉게재, 같은 책〈게재되지 못한 글 목록〉에 '李戮史' 필명으로 '레닌주의철학의 임무'라는 제목이 등장(입교하기 전에 투고한 것으로 짐작). 5월에 상하이로 이동, 6월 상하이에서 루쉰魯迅 만남. 7월 15일 귀국(진술, 수필〈연인기〉에는 9월 11일 귀국). 서울 재동齋洞에 머물면서《조선일보》대구지국 특파원 취직 시도.

● 1934년(30세)
3월 20일(혹은 5월 22일) 조선혁명군사정치간부학교 출신임이 드러나 경기도 경찰부에 구속됨(1933년 11월 15일 동기생이자 처남인 안병철이 자수, 졸업생 연이어 검거됨). 5월《조선일보》대구지국 특파원으로 채용 결정됨. 6월 23일 기소유예 의견으로 풀려남(8월 31일 기소유예 확정). 9월부터 본격적으로 시사평론과 수필 집필.

● 1935년(31세)
정인보 댁에서 신석초 만나 사귐. 다산 정약용 서세 99주기 기념《다산문집茶山文集》간행에 참여, 신조선사新朝鮮社의《신조선新朝鮮》편집에 참여, 본격적으로 시詩 발표.

● 1936년(32세)
7월 동해송도원(포항 소재)에서 휴양. 8월 경주 남산 신인사지神印寺址 옥룡암玉龍庵에서 휴양. 10월《조선일보》에〈루쉰 추도문〉5회 연재. 11월 18일(음 10. 5) 대구에서 모친 회갑연.

● 1937년(33세)
서울 명륜동 3정목 57-3 거주(형 원기는 대구 중구 상서동 23). 시사평론에서 문예평론으로 주제가 변함.

● 1938년(34세)
수필〈전조기〉와 시〈강 건너간 노래〉등 다수 작품 발표.

● 1939년(35세)
1월 13일(음 1938. 11. 29) 부친 회갑연, 신석초·최용·이명룡 등과 경주 여행. 3~5월 서울 신당동 57-8 거주. 8월〈청포도靑葡萄〉발표, 이해에 대구 본가는 서울 종암동 62로 이사. 딸 경영京英 출생, 백일 전후 사망.

●1940년(36세)
시 〈절정〉, 〈광인의 태양〉 등 발표. 3월경 주소지는 서울 통인동 149-9.

●1941년(37세)
3월 27일(음2. 30) 명륜동에서 딸 옥비沃非 출생(육사가 1942년 12월 29일 신고). 늦봄 경주 신인사지 옥룡암에서 요양. 5월 21일(음4. 26) 부친상(서울 종암동 62번지). 늦여름 옥룡암으로 갔다가 9월 폐질환으로 서울 성모병원 입원.

●1942년(38세)
2월 성모병원 퇴원, 경주 기계면(현 포항시 기계) 이영우 집에서 요양. 6월 9일(음4. 26) 부친 소상. 6월 12일(음4. 29) 모친상. 7월 경주 신인사지 옥룡암에서 요양. 8월 24일(음7. 13) 형 원기 별세, 상경. 초가을 외삼촌 허규가 은거하던 수유리에서 요양.

●1943년(39세)
1월 신정에 신석초에게 베이징행 밝힘, 이선장에게도 밝힘. 한글 사용 규제받자 한시漢詩만 발표. 봄에 베이징으로 감, 충칭과 옌안행 및 국내 무기 반입 계획 세움. 5월 말 귀국, 부친 대상(5월 29일), 모친 소상(6월 1일) 참석. 8월 13일(음7. 13) 형 소상 참석하고 풍산 권오설(권오직) 집에 1박, 상경. 늦가을에 동대문경찰서에 붙잡혀 베이징으로 압송됨. 베이징 네이이구內一區 동창후통東廠胡同(일제강점기에 東昌胡同) 1호. 일본총영사관 감옥에 갇힘. 동지이자 집안 친척인 이병희(1917년생, 여)도 붙잡힘.

●1944년(40세)
1월 16일 새벽에 순국, 먼저 풀려난 이병희가 유해 인수. 화장한 뒤 유골함 보관하다가, 동생 원창에게 인계. 미아리 공동묘지에 안장됨(1960년에 고향 원촌 마을 뒷산으로 이장).

●1945년
동생 원조가 〈꽃〉, 〈광야曠野〉 등 유시遺詩 소개함.

●1946년
동생 원조가 《육사시집陸史詩集》 출판함.

●1968년
건국훈장 애국장(건국포장에서 1990년 기준 변화로 바뀜) 추서.

●2004년
탄신 100주년, 순국 60주기 맞춰 이육사문학관 개관, 생가 복원.

●2023년
이육사 묘소 생가터 곁으로 옮김.

평전을 다시 쓰면서

뜻을 모으니 기리기도 새로워

이육사, 그는 40년이란 짧은 삶을 살다 갔다. 사실은 40년마저도 못다 채운 39년 8개월이었다. 그 인생의 반이 출생과 성장기였다면, 활동기는 겨우 20년에 지나지 않았다. 남들보다 짧은 생애에 무슨 이야기가 그리 많을까? 그렇지만 20년에 지나지 않는 활동 기간에, 그는 우리의 가슴에 짙은 여운과 자취를 남기고 있다.

문학에 관심을 갖지 않는 사람이라 하더라도, '저항시인 이육사' 혹은 '민족시인 이육사'라는 이름을 모르는 이가 없을 것이다. 그래서 안동을 찾는 방문객들이 더러 그의 생가나 기념시설에 대해 묻곤 한다. 마치 영국에 가서 셰익스피어의 집을 찾거나 러시아에 가서 톨스토이의 유적을 보고 싶어 하는 심정과 같은 것이다. 다행스럽게도 1988년 출범한 이육사연구회가 1994년 이육사기념사업회로 발전하고, 그 후 노력 끝에 2004년 이육사의 고향인 원촌 마을에 이육사문학관이 문을 열었다. 이곳에 이육사의 문학과 독립운동이라는 두 개 줄기로 전시관을 꾸미고, 자료 수집과 복원, 생가 복원, 그리고 연중 다채로운 프로그램을 운영하면서 이육사의 뜻과 삶을 알리는 데 힘을 쏟고 있다.

이육사문학관 입구에서 육사의 동상과 〈절정絶頂〉 시비를 보면 그의 숨결이 느껴지는 듯하다. '투쟁적 문학과 문학적 투쟁'을 담아 낸 전시관을 돌아보고, 복원된 생가를 기웃거리고, 또 발걸음을 옮겨 생가 자리 이웃에 만들어진 〈청포도〉 시비를 마주하는 것도 뜻깊은 일이다. 문학관 전시 내용과 수집된 자료들, 복원된 생가, 그리고 생가 터와 기념비를 돌아보면, 많은 노력이 기울여진 자취를 느낄 수 있다.

이육사문학관과 생가 자리를 찾는 사람들 가운데 고개를 가우뚱거리는 사람도 있다. 생가 자리가 수몰된다고 하여 집을 헐었는데, 막상 현장에 가 보면 그 땅이 수몰되지 않았기 때문이다. 더구나 강쪽으로 새로운 도로가 생기는 바람에 안동댐 수몰 이야기와는 거리가 멀다는 느낌을 받기도 한다.

원래 그 자리는 안동댐이 가득 차면 물속에 잠기는 수몰선 아래 땅이었다. 이를 안타깝게 여긴 안동 인사들이 그 터를 되살려 보존

육사 탄신 100주년, 순국 60주기가 되는 2004년 이육사의 고향
원촌 마을에 문을 연 이육사문학관.

하려고 나섰다. 전국을 동분서주하고 관련 기관의 규정을 바꾼 끝에, 그 땅에 흙을 붓고 다져 수몰선 위로 돋우었다. 그곳에 집을 지을 수는 없지만, 간단한 기념물은 만들 수 있게 된 것이다. 그래서 그 자리에 〈청포도靑葡萄〉 시비를 세운 것이 1993년의 일이다.

뜻을 이루어 낸 안동 문화계 인사들이 다시 나섰다. 육사 탄신 90주년이자, 순국 50주기가 되는 1994년 이육사기념사업회를 조직한 이들은 기념관을 짓고, 생가를 복원하며, 문학상을 제정하

이육사문학관 입구 동상과 〈절정〉 시비.

자는 목표를 세웠다. 까마득하게 보이던 그 목표가 강산이 한 번 바뀌는 동안에 이루어졌다. 탄신 100주년, 순국 60주기가 되는 2004년, 마침내 이육사문학관이 완공되었다. 바로 이어 생가도 복원되었다.

뜻이 있는 곳에 길이 있다던가. 그를 기리는 일에 땀을 흘린 많은 사람들의 노력이 아름답고 고맙다. 육사의 삶과 뜻을 찾는 탐방객도 향기롭고 곱다. 찾는 이들이 한 가지 질문을 해 온다. 인터넷을 통해 확인해 보면, 이육사 고향 마을에 세워진 생가가 아닌, 실제 생가가 문화재로 지정되어 안동시 태화동 골목길에 따로 존재하는데 어떻게 된 일이냐고 묻는다.

그 실마리는 1974년 안동댐 건설이었다. 낙동강을 따라 양쪽에 수많은 전통 마을들이 수몰되어 사라졌고, 많은 이들이 고향을 떠나게 되었다. 육사의 고향인 원촌 마을은 다행스럽게도 상류 지역이어서 가장 안쪽에 자리해 걱정을 덜었던 참이었다. 마을 앞자락이 수몰선에 걸려 댐에 물이 가득 차면 그의 생가와 마당까지도 물이 들어오게 될 것이었다. 그래서 이를 당시에는 안동시에서 비교적 한적하던 태화동 산비탈에 옮겼다. 지금은 좁은 골목길 안쪽에, 그것도 본래 마당이나 건물 배치와 다를 뿐만 아니라 옛 느낌을 주지도 못하는 상태로 콕 박혀 있다.

이전에 이육사기념사업회가 이 집을 사들여 복원하려고 나선

적이 있다. 특히 이육사문학관을 개관하면서, 본래의 집을 다시 옮겨다 복원하려고 계획을 세웠다. 하지만 여러 가지 복잡한 문제에 가로막혀 끝내 포기하고 말았다. 그리하여 하는 수 없이 이육사문학관 한편에 생가를 복원한 것이다.

아직도 남은 수수께끼들

안동 시내에는 육사를 기리는 또 하나의 기념물이 있다. 안동댐 입구에 있는 안동민속박물관 야외전시장에 세워진 육사의 시비가 그것이다. 거기에 〈광야曠野〉가 새겨져 있다. 1968년에 세워진 이 시비는 본래 낙동강 변에 있었는데, 도로가 확장되면서 이 자리로 옮겨졌다. 비록 50여 년 전에 만들어진 것이지만, 시비詩碑답게 예술성이 풍기는 작품이다. 세 방향으로 난 높이 1미터가량 되는 받침돌 위에 검은 오석烏石이 가로놓였다. 앞면에는 그의 대표작 〈광야〉가, 뒷면에는 그를 기리는 글이 새겨져 있다. 뒷면의 글은 유명한 시인 지훈芝薰 조동탁趙東卓이 지었다.

시비 앞에 서면 우선 안내판을 읽는 것이 자연스런 순서이다. 그런데 여기서부터 난감한 문제가 벌어지기 시작한다. 육사의 일생을 설명하는 내용 중에 잘못된 부분이 있기 때문이다. 잘못된

낙동강 변 〈광야〉 시비 제막식(1968년 5월 5일). 현재 안동 예술의전당 북서쪽에 세워졌다. 신동집, 신석초, 이효상(국회의장), 이동영(장조카), 김대진((국회의원). 이승희 (안동군수), 서기원(대한적십자사 경북지사장), 양택식(경북도지사), 이동박(양자). 아래 오른쪽에서 두 번째가 비문을 짓고 낭독한 조지훈인 듯하다.

낙동강 변 〈광야〉 시비와 아내 안일양.

기록은 그의 행적과 독립운동에 관한 것이 주류를 이룬다. 발표된 문학작품은 잘못 기록될 가능성이 적다. 그것이 게재된 잡지나 신문이 남아 있기 때문이다. 그런데 그의 교육과정이나 독립운동 행적은 베일에 싸여진 경우가 많아, 마치 뜬구름 잡는 것만 같다.

보통 사람들은 시비 앞에 세워진 안내판만 읽고 만다. 간혹 관심을 좀 더 많이 가진 이들은 뒤로 돌아가 비문을 읽기 시작한다. 하지만 금방 그만둔다. 빼어난 문장이지만 어려운 한자가 가로막고 있기 때문이다. 더구나 젊은이들은 한자의 벽 때문에 그 글이 유명한 시인 조지훈의 것인지도 모르고 지나친다.

시비를 본 사람들은 안내판의 내용을 그대로 믿고, 시비 뒷면의 글을 읽은 이들도 글 내용을 의심하지 않을 것이다. 그런데 자세히 내용을 뜯어보면, 육사의 행적을 그린 부분에서 그대로 믿기 어려운 부분이 보인다.

육사가 북경의 사관학교와 북경대학 사회학과를 다녔고 정의부 正義府에 가입했다.

이 기록을 모두들 그냥 그대로 받아들인다. 그런데 하나씩 따져 보면 모두 의문거리가 아닐 수 없다. 베이징에 어떤 사관학교가 있었는지, 또 베이징대학에서 그의 기록을 확인할 수 있는지,

안동민속박물관으로 옮겨진 〈광야〉 시비.

1924년 만주에서 만들어진 정의부에 어떤 내용으로 그의 존재가 들어 있는지, 이 모든 내용이 확인하기 힘든 것들이다. 이 비를 세울 무렵에는 육사의 독립운동 관련 행적을 알려 주는 자료가 거의 없었다. 오로지 전해지는 이야기에만 매달려 글을 쓰다 보니 오류를 피할 길도 없었겠지만, 그래도 당시로서는 최선의 기록이었다. 이 글을 쓰면서 무척 고심했을 조지훈의 모습이 가히 상상된다.

40년 생애에서 활동기는 겨우 20년 남짓하다. 이처럼 짧은 생애인데도 이를 복원하는 일은 결코 쉽지 않다. 베이징대학이니 사관학교니 하는 이야기는 뒤로 미루고서라도, 우선 그의 이름이 어떻게 쓰였는지, 혹은 그가 어디에서 순국한 것인지조차 시원스레 밝혀지지 않은 세월이 오래였다.

육사의 문학은 독립운동사보다 일찍 연구되고 정리되었다. 시집이 여러 차례 출판되고 연구논문도 거듭 나왔다. 여기에 견주어 보면 육사의 독립운동사 연구는 1990년대 전반기에 들면서 첫걸음을 내딛기 시작했다.[1] 연구가 한 걸음씩 나아가면서, 그동안 베일에 가려져 있던 사실들이 하나씩 드러나기 시작하였다. 문학사 연구를 발판 삼아 독립운동사 연구가 힘을 보탰고, 다시 이를 디딤돌 삼아 어문학 연구에서 새로운 접근과 개척을 일구어 냈다. 중국 지역의 유적에 대한 정보가 더 추적되기도 하고, 국내에서 알려지지 않았던 자료가 더 발굴되기도 했다.[2] 그래서 이육사의 작품과

생애 추적에서 큰 진척을 보였다. 더구나 최근 이육사의 시를 소개하는 책에서도 생애를 정리한 연보가 정밀해지고, 새로 수집된 자료와 한시 번역 등을 통해서도, 또 의열단과 관련한 몇 가지 오류가 수정되어 육사의 생애 복원의 완성도가 매우 높아졌다.[3]

육사가 사용한 이름

—264에서 戮史를 거쳐

. . . .

육사의 한문 표기가 처음부터 '陸史'는 아니었다.
수인번호 二六四에서 시작하여 '肉瀉'와 강렬한 혁명 의지가 담긴
'戮史'를 거쳐 자리 잡은 것이다.

"'戮史'라는 말이 역사를 죽인다는 표현이니,
혁명을 일으키겠다는 뜻이 아닌가? 의미가 너무 노골적으로 드러난다.
차라리 같은 의미를 가지면서도 온건한 표현인
'陸史'를 쓰는 게 좋을 것 같다."
── 집안 아저씨(내재종숙, 7촌) 이영우의 말 중에서

'이원삼'에서 '이활'로

우리는 일반적으로 그를 '이육사李陸史'라 부른다. 그러면서도 그의 40년이란 일생 동안 많은 이름들이 사용되었음을 잘 알고 있기도 하다. 교과서에도 나와 있으니, 그의 본명이 '이원록李源祿'이었다는 것쯤은 대개 기억하고 있다. 그의 자字가 '태경台卿'이었고, 어릴 때 이름은 '원삼源三'이었다. 중등과정을 같이 다닌 동기생은 그를 '원삼이'라고 불렀다고 회고했다. 즉 만 18세가 되던 1922년, 영천의 백학학원에 다닐 때도 원삼이라는 이름이 사용되었다.[4] 그러니 그의 청소년 시절에는 원삼이라는 이름이 보편적으로 쓰였음을 알겠다. 또 1930년대 초 신문사 기자 시절에도 이원삼이란 이름이 더러 쓰이기도 했다.

이후 사용된 이름이나 필명은 '이활李活'과 '육사陸史'가 주류를 이룬다.[5] 그렇다면 육사가 이활이라는 이름을 사용하기 시작한 때는 언제일까. 1927년 가을부터 1929년 5월까지 대구 감옥에 갇혀 있다가 풀려난 뒤, 《중외일보》 대구지국 기자로 일하기 시작했는데, 바로 그때가 이 이름을 사용했던 때라 짐작된다.[6] 실제로 1930년 1월 3일 자 《조선일보》에 그의 첫 시詩 작품인 〈말〉이 이활이란 이름으로 게재되었다. 따라서 지금까지 이활이라는 이름이 쓰인 첫 기록은 1930년 1월인 셈이다.

그렇다면 이활이라는 이름을 사용한 시기는 얼마나 거슬러 올라갈 수 있을까. 늦어도 《중외일보》에 근무하기 시작하던 1929년 중반 무렵일 수 있고, 더 올라가면 베이징 유학 시절일 수도 있다. 당시 학적부가 확인되지 않아 확신할 수는 없지만, 중국에서 활동한 인물들이 이름을 한 글자로 줄여 바꾼 경우가 많았던 데에서 짐작해 볼 수 있다. 이후 국내와 중국을 오가는 1930년대 전반기에 그는 계속해서 '이활'이라는 이름을 사용했다. 즉 그가 1932년에 조선혁명군사정치간부학교 1기로 입교했을 때도 바로 이 이름을 사용했다. 뿐만 아니라 1935년 3월에 평문評文인 〈공인公認 "깽그"단團 중국청방비사소고中國靑幇秘史小稿〉를 《개벽開闢》 1935년 3월호에 게재할 때까지 이 이름이 줄곧 사용되었다. 그러다가 그 이후 사용하는 횟수가 줄어들었다.

다음으로 우리가 잘 아는 '육사'라는 이름에 대해 볼 차례이다. 이육사라는 이름은 두 단계를 거쳐 정착되었다. 처음으로 쓰인 때는 1930년 10월인데, 《별건곤別乾坤》 제5권 제9호(1930년 10월)에 〈대구사회단체개관大邱社會團體槪觀〉이란 평문을 발표하면서였다. 《별건곤》 5권 9호는 '대구행진곡大邱行進曲'을 특집으로 다루었는데, 이상화의 〈대구행진곡〉을 비롯하여 모두 9편의 글이 실렸다.[7] 그런데 여기에서 '李活'과 '大邱 二六四'가 한꺼번에 등장했다. 책 앞머리 목차에는 '李活'이라 내걸었지만, 정작 본문을 펴 보면 '大邱 二六四'라는 이름으로 글이 시작된다. 이러한 사례는 다른 데서는 찾아보기 힘든 일이다. 그렇다면 여기에는 어떤 이유가 있었을 것이다.

그는 이미 이활이라는 이름으로 글을 발표했었다. 1930년 1월에 처녀작 〈말〉을 발표하면서 드러냈던 이활이란 이름을 목차에 썼다. 그렇다면 본문에서 필명으로 내세운 大邱 二六四는 새로운 시도라고 보아야겠다. '대구'를 앞세운 뜻은 그의 활동무대를 뜻하는 것이고, 264는 어딘가에서 따온 번호임을 쉽게 알 수 있다. 동시에 이육사라는 이름이 처음에는 '李陸史'가 아니라 '二六四'임을 확인함 셈인데, 실제로 이처럼 이름을 숫자 264로 표기한 자료는 이것 하나뿐이고, 다른 사례는 아직 발견되지 않았다.

'二六四'라는 숫자가 대구 감옥에서 그에게 붙여진 수인 번호

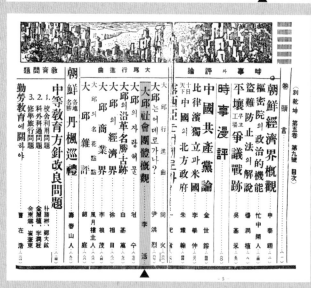

《별건곤》 목차와 본문 이름 부분.
필명이 본문에는 대구 264로 다르게 되어 있다.

에서 비롯된 것이란 이야기는 너무나 널리 알려져 있다.[8] 이에 대해 죄수 번호 64에 그의 성을 붙여 만든 것이라는 설도 있다.[9] 대구교도소의 자료들을 분석해 보고, 국가기록원 자료도 알아 보았지만, 아직까지 정확한 수인 번호를 확인하지 못했다. 264와 64, 이 가운데 264가 단연 옳다고 집안사람들은 이야기한다. 《별건곤》 잡지에서 '李六四'가 아니라 '二六四'로 표기한 사실도 수인 번호가 264번였을 것이라는 가능성을 짐작하게 만든다.

이처럼 숫자로 이름을 지은 사례가 당시에 그의 주변에서도 보인다. 출옥한 뒤 이육사는 《조선일보》 대구지국 기자로 활동했는데, 당시 지국 경영자가 장인환張仁煥이었다. 1926년부터 10년 동안 대구지국을 운영한 장인환이 《조선일보》 대구지국과 함께 팔오사八五社라는 용달사도 운영했는데, 그 이름은 전화번호 854에서 따온 것이었다. 같은 지국의 기자였던 이활이 수인 번호를 본떠 필명으로 삼았다는 이야기는 상당히 설득력이 있다.[11]

이육사가 장진홍 의거에 연루되어 1년 7개월 동안 옥고를 치르고 나온 것이 1929년 5월이었다. 그가 수인 번호 264를 이름으로 사용하려고 마음먹은 시점은 당연히 대구 감옥에 수감되어 있던 1927년부터 1929년 사이였다. 어차피 감옥에서는 이름이 아닌 번호로 불렸다. 그러니 그는 1929년 5월에 감옥에서 나오면서도 이를 사용하겠다는 다짐을 했을지도 모른다. 그러나 1930년 1월 3일에 발표한 시에는 이활을 사용했다가, 1930년 가을에 들어서 '대구 264'로 등장한 것이다. 그렇다면 감옥에서 생각하고 있던 것을 출옥 이후 실천에 옮긴 것으로 여겨진다.

그가 '대구 264'라는 이름을 내세운 의도에도 눈을 돌릴 필요가 있다. 이활이란 이름과 함께 대구 264라는 것이 사용되었다는 말은 대구에서 활동하고 있는 이활이 앞으로 수인 번호 264라는 이름으로 글을 발표하겠다는 자신의 의지를 세상에 알리는 것이다. 일제의 통치에 저항하는 뜻과 식민지 세상을 비웃는 마음이 녹아 있는 것이 아닌가 여겨진다. 그래서 감옥에서 나오자마자 그는 죄수의 번호, 즉 일제 식민지에서는 영원한 죄인이라는 자조 섞인 웃음으로 이 글을 발표한 것 같다. 더구나 글의 내용은 대구 지역의 청년운동이 힘을 잃고 있는 현실을 지적하면서 새로운 도전을 요구하고 나서는 것이었다.

또 이 이름은 정지 상태에 놓인 것이 아니라 진행형이요 변화형으로 이해할 필요가 있겠다. 즉 '대구 감옥에 있던 264'가 '대구에서 활약할 이육사'로 바뀌어 가는 것이다. 또 한걸음 더 나아가 그가 앞으로 그렇게 활약하겠다는 다짐이 들어 있는 이름이기도 하다.

이를 다음과 같이 정리할 수 있다. 첫째, 그는 1920년대 중·후반에 이활이라는 이름을 사용했다. 둘째, 1927년 가을에 장진홍 의거로 구속된 뒤, 옥중 생활을 통해 '대구의 이육사', 혹은 '대구 감옥의 이육사'라는 뜻을 가진 이름에 마음을 두었는데 그것은 수인 번호를 따온 것이다. 셋째, 1929년 5월에 석방되고 1년이 지난 뒤, 이활이란 이름과 함께 정식으로 이를 사용하기 시작했다.

264에서 육사肉瀉·戮史를 거쳐 육사陸史로

이름이 바뀐 두 번째 단계는 숫자 264에서 육사陸史(혹은 이육사)로의 변화이다. 먼저 '육사肉瀉'라는 호가 1932년 1월에 등장했다. 《조선일보》 대구지국 기자이던 그가 전국에 이름이 널리 알려진 대구 약령시장의 유래를 네 차례에 걸쳐 연재했는데, 그때 필명으로 肉瀉를 썼던 것이다. '고기를 먹고 설사한다'는 뜻이니, 세상을 지독하게 비아냥거린 셈이다.

'육사陸史'는 그다음에 등장한다. 1932년 의열단義烈團이 중국 난징에서 조선혁명군사정치간부학교를 설립했을 때, 제1기생으로 입학한 그가 사용한 이름이 육사陸史였다. 이를 추적한 일본 정보 문건에는 그의 이름을 '이활', 별명을 '이원삼'과 '육사陸史'로 기록했다.[11] 이 무렵 그가 이것을 필명으로 사용했다는 사실을 뒷날 그의 수필 〈연인기戀印記〉에서 밝혔다. 비록 이 작품이 1941년에 쓰였지만, 1933년에 그가 이미 육사陸史라는 이름을 사용했다는 사실을 내용에 담았던 것이다. 이 글을 보면, 1933년 중국에서 귀국하기에 앞서 어느 중요한 인물에게 도장을 선물했다고 한다. 어느 정도 중요한 인물인지, 그의 표현대로 옮겨 보면 이렇다.

"꼭 목숨 이외에 사랑하는 물품이래야만 예의에 어그러지지 않을 경우"였다.

大邱의자랑
藥令市와景氣 (二)

大邱支局 肉濃生

【大邱】 대구의약령시는 (藥令)…

（中略）

開市期日		相庭人員	相庭金額
昭和 六年		一〇,〇〇〇人	
昭和 五年			

大邱의자랑
藥令市의由來

大邱支局 肉濃生

◇藥令市の史的の由來

〈대구의 자랑 약령시의 유래〉, 肉瀉 이름으로 보도한 《조선일보》 기사.
왼쪽부터 1932년 1월 14일 자, 1932년 1월 16일 자, 1932년 1월 20일 자, 1932년 1월 26일 자.

이 정도로 소중하게 여겼던 사람이었으므로, 그가 선택한 선물은 너무나도 아끼던 비취 도장이었다. 그것도 그저 준 것이 아니라, '증贈S·1933·9·10 陸史'라고 새겨 선물한 것이다. 'S'가 누구인지 그 문제는 일단 뒤로 미루자. 다만 여기에서 그가 '陸史'라는 이름을 사용했음을 짚고 넘어간다.

264에서 이육사로 가는 시기에 역사를 죽인다는 뜻을 가진 '戮史'도 등장했다. 이를 말해 주는 숨은 사연이 전해진다. 1927년 10월 장진홍 의거에 얽혀 붙잡혔다가 1929년 5월 증거불충분으로 풀려나고 12월 9일 면소 판결로 사건이 종결된 뒤, 1년쯤 지난 1931년 1월에 그가 다시 구속되는 일이 발생했다. 이에 바로 앞서 1930년 10월 그는 〈대구사회단체개관〉을 발표했다. 바로 이어서 광주학생항일투쟁(1929. 11. 3) 1주년을 맞아 다시 항일시위가 일어나자, 대구 거리에도 역시 항일 격문이 나붙는 일이 일어났다. 이를 수사하던 일제 경찰이 다시 육사를 주범으로 주목하는 바람에, 1931년 1월에 구속된 것이다.

이번에는 6개월 동안 옥고를 치르고 풀려났다. 눈앞에는 항일시위가 전국적으로 확산되고 있었다. 그는 쇠약해진 몸을 추스르기 위해 영일군(현 포항시로 편입) 기계면 현내리로 향했다. 그곳에 있던 집안 아저씨(내재종숙, 7촌)인 해산奚山 이영우李英雨의 집에서 두 달 동안 쉬면서 건강을 회복했다. 요양 중에는 대구에서 서화가로 이름을 날린 석재石齋 서병오徐丙五로부터 17세 때 배운 그림 솜씨를 발휘하여 매화 한 폭을 그렸고, 그 옆에 '戮史'라고 썼다.

그러자 이영우가 이를 보고 "'戮史'라는 말이 역사를 죽인다는 표현이니, 혁명을 일으키겠다는 뜻이 아닌가? 의미가 너무 노골적으로 드러난다. 차라리 같은 의미를 가지면서도 온건한 표현인 '陸史'를 쓰는 게 좋을 것 같다"고 권했다. 그 말을 듣고 육사가 바로 그 자리에서 '陸史'로 바꿔 썼다고 한다.[12]

戮史라는 호가 공개적으로 나타난 시점은 1933년이다. 자료는 국내에서 나왔지만, 그가 난징에 머물던 때였다. 1933년 4월 1일 자로 발간된 《대중大衆》 창간임시호 목록에 '李戮史'가 등장한 것

1933년 4월 1일 자로 발간된 《대중大衆》
창간임시호 목록에 '李戮史'가 공개적으로 나타난다.

이다. 이때는 그가 난징에서 조선혁명군사정치간부학교를 마치기 바로 직전이다. 따라서 이 글은 망명하기 전에 써 두고 간 것이라고 판단된다. 이 책에는 그의 글이 두 편 소개되어 있다. 그런데 이활이란 이름으로 게재된 〈자연과학과 유물변증법〉은 창간호에 실렸지만, '李戮史' 이름으로 소개된 〈레닌주의철학의 임무〉라는 글은 〈싣지 못한 글의 목록〉에만 들어 있다. 비록 글은 게재되지 않았지만, 육사가 李戮史라는 이름으로 글을 발표하려고 뜻했던 사실만은 확인되는 셈이다. '싣지 못한 글'이라는 표현으로 보아, 글은 제출되었지만 일제의 검열이나 통제 등 어떤 사정이 있어 게재되지 못한 것이라 짐작된다.

戮史라는 호가 쓰인 실제 자료도 발견되었다.[13] 1934년 1월 18일 자로 기계면에서 내삼종(조부 고모의 손자, 8촌) 동생 이상흔李相欣이 그에게 보낸 엽서가 그것이다. 거기에 받는 사람 이름이 '李先生戮史活'로 적혀 있다. 이 이야기는 그가 항일 혁명을 꿈꾸며 '264'에서 '李戮史'로 바꾸려 했던 사실, 오늘날 일반적으로 쓰이는 '李陸史'라는 이름 속에 '戮史'를 꿈꾸는, 즉 혁명을 도모하려 했던 그의 뜻과 의지가 담겨 있음을 보여 주는 것이라 할 수 있다. 육사라는 이름은 이처럼 강력한 항일혁명 의지로 뭉쳐진 결정체였다.

1935년 6월 이후에는 거의 대부분 '이육사李陸史'가 사용되었다. 《신조선新朝鮮》 1935년 6월호에 〈춘수삼제春愁三題〉라는 시를 발표한 이후로는 거의 대부분 육사를 사용했다. 또 1936년에 매

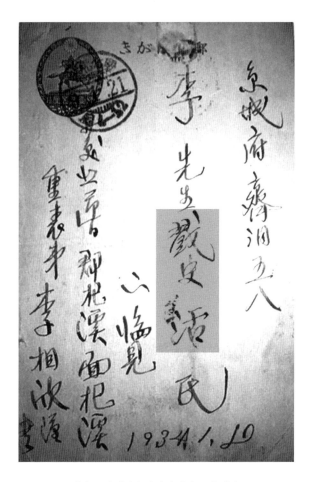

집안 동생 이상흔이 육사에게 보낸 엽서.
'李 先生 戮史 活'이라고 적혀 있다.

우 절친했던 시인 이병각李秉珏(안동에서 가까운 영양군 석보면 출신으로 재령 이씨)이 1936년에 쓴 편지를 보면, 제목이 '육사형陸史兄님'이었다.[14] 이 글은 당시 유명한 문인들의 편지들을 묶어 낸《조선문인서간집朝鮮文人書簡集》에 실려 있는 것이므로, 이 이름이 널리 사용된 것으로 생각된다.

육사 이름 변천

1920년대 말	1930년	1932~1934년	1935년 이후
李活	李活, 大邱 二六四	肉瀉·戮史·陸史, 李活	陸史, 李活

그가 남긴 작품에서 사용된 이름을 조사해 보면 다음과 같은 결과를 얻게 된다. 즉 1926년 무렵부터 1939년까지 '이활'이란 이름이 사용되었다. 그리고 1930년 10월에 발표한 작품에서 '李活'·'大邱 二六四'를 썼다. 숫자로 된 이름이 한 차례 등장한 뒤에는 '肉瀉'와 '戮史', 그리고 '陸史'를 혼용하다가, '陸史'로 정착했다. 따라서 그 이름에는 일제강점이라는 상황을 혁명으로 극복한다는 항일투쟁의 뜻을 담고 있음을 알 수 있다. 그리고 이육사라는 이름이 이활과 함께 줄곧 같이 사용되었지만, 대체로 1933년부터 순국할 때까지는 이육사가 주로 사용되었다.

한 가지 덧붙일 이야기는 이활은 평문 가운데서도 시사평론을 발표할 때 사용했던 이름이고, 수필이나 시에는 대개 이육사를 썼다는 점이다. 그래서 어떤 문학자들은 평문을 쓴 이활과, 시와 수필을 쓴 이육사를 동명이인, 즉 이름만 같으면서 전혀 다른 인물이 아닌가 하고 추측하는 경우도 있을 정도였다. 그러나 시사 평론의 경우 육사가 중국에서 터득한 지식과 경험이 생생하게 배어 있는 작품들이 주를 이룬다.

육사의 고향

―원촌 마을 881번지

육사가 태어난 곳의 주소는
경상북도 안동군 도산면 원촌동(현재 원천동) 881번지이다.
수몰될 위기에 처했었지만 안동의 뜻있는 인사들이 노력한 끝에 보존될 수 있었다.

"내 동리 동편에 왕모성이라고 고려 공민왕이
그 모후母后를 뫼시고 몽진蒙塵하신 옛 성터로서 아직도
성지城址가 잇지만은 대개 우리 동리洞里에
해가 뜰 때는 이 성 우에서 뜨는 것."

—〈계절의 오행〉중에서

육사를 만나러 가는 길

안동 시내를 벗어나 북쪽으로 25킬로미터 정도 가면 도산서원 입구가 있고, 여기에서 국도를 따라 언덕 하나를 넘으면 퇴계의 생가가 자리 잡은 도산면 소재지 온혜에 이른다. 온혜면사무소 지나자마자 만나는 사거리에서 오른쪽으로 접어든다. 그 입구에 퇴계 종가와 퇴계 묘소 및 이육사 생가터로 들어가는 길임을 알려 주는 안내 표지석이 서 있다. 그 길을 따라 약 2.6킬로미터 들어가면 퇴계 종택이 있고, 다시 1.5킬로미터쯤 더 가면 하계 마을에 다다른다. 퇴계 묘소의 발치에 동암東巖 바위가 있고, 갈래 길에 '하계마을독립운동기적비'가 서 있다. 이곳에서 오른쪽으로는 하계와 계남의 옛 자취를 일부나마 보여 주는 마을이 있고, 왼쪽으로 급히 꺾어 언덕길을 올라서면 발아래로 조용한 마을이 한눈에

온혜

토계리

원촌

이육사문학관

상계   퇴계종택

퇴계 선생 묘소

내살미

도산서원

계남들   하계

(왼쪽 위) 원촌 마을 옛 풍경.
왼쪽 산자락에 마을이 있고 들녘 오른쪽에
낙동강이 흐른다.

(왼쪽 아래) 원촌 가는 길 지도.
(오른쪽) 이육사문학관이 들어선
원촌 마을의 현재 모습.
※출처: 이육사문학관.

안긴다. 이 마을이 바로 육사가 태어난 원촌遠村(현재 원촌과 이웃 마을 천사川沙를 합친 행정동 이름으로 원천이라 쓰임)이다. 온혜 입구로부터 5.2킬로미터 지점이다.

이곳 원촌 마을은 옛날에 '말맨데'라고 불렸는데, 말을 맨 곳(마계촌馬繫村)이라는 뜻이다. 가운데 뒷산으로 올라가는 골짜기를 마차골(마편곡馬鞭谷; 말채찍 골짜기)이라 부른 것도 이와 관련이 있을 것이다. 그러다가 '말맨데'가 '먼먼데(원원대遠遠臺)'로 바뀌고 한자로 표기하여 먼 곳, 즉 원촌으로 변한 것이라 전한다. 원래 이 마을에는 권씨가 살았던 모양이다. 처음 이 마을에 육사의 조상이

들어와 자리를 잡을 때 땅속에서 '권씨습독천년와權氏習讀千年瓦'
라는 망와望瓦(용마루 끝에 세우는 암막새 기와)가 발굴되었다는 이야
기로 미루어 보아 그렇게 추정된다.

이 마을을 열어 나간 인물은 퇴계退溪 이황李滉의 5세손이 되는
원대遠臺 이구李榘(1681~1761)이니, 육사의 9대조이다. 퇴계의 손
자 영도詠道가 원촌으로 들어가기 직전 마을인 하계下溪를 개척하
였고, 다시 영도의 증손자 구가 하계 바로 언덕 넘어 원촌을 열었
던 것이다.[15] 그가 살았던 시기로 보아, 여기에 육사의 조상이 터
를 잡은 때는 300년 정도 되었다고 생각된다.

원촌에서 본 왕모산.
※출처: 이육사문학관.

옛날 생가. 정면이 사랑채이고, 뒤에 안채가 있다.

(위) 태화동에 옮겨진 육사 생가.

(아래) 복원된 생가. 이육사문학관 곁에 새로 세워졌다.

마을로 들어서는 입구에서 조그마한 언덕을 하나 넘게 되는데, 그 위에서 마을 입구까지 약 300미터 남짓 되는 거리이다. 바로 그 언덕 위에서 동쪽으로 바라보면, 발밑으로부터 북쪽 자락 따라 길게 가로놓인 산이 멀리 동쪽으로 가서 다시 남쪽으로 급박하게 휘었다. 마치 반달 혹은 활처럼 휘어져 마을을 감싸고 있다. 이렇게 삼면이 산으로 둘러싸여 있고, 남쪽으로 낙동강 맑은 물이 지나가고 있다. 또 남쪽 강 너머로도 산줄기가 멀리 가로놓여 있어서 사실상 남으로 흘러 내려가는 강어귀만 살짝 틈을 보이고 있을 뿐이다. 크게 보면 산이 활처럼 둥글게 에워싼 곳 한가운데를 낙동강이 뚫고 지나는 모양인데, 원촌 마을은 바로 그 북쪽 반달 모양의 터에 '배산임수' 형태로 다소곳하게 자리 잡고 있다. 보기에 따라서는 꽉 막힌 곳이지만, 태백산맥에서 흘러 내려오는 낙동강이 그 사이를 뚫고 지나가면서 숨통을 터 주고 있다.

〈계절의 오행〉에 담긴 원촌 마을

휘돌아치는 낙동강 너머 동쪽으로 1.7킬로미터 지점에 손에 잡힐 듯이 낮으면서도 삿갓처럼 솟아오른 작은 산봉우리가 하나 있다. 홍건적의 침략에 안동으로 피란했던 공민왕의 어머니가 이곳에서 머물렀는데, 지금도 왕모산성王母山城이라 불리는 성터가 남아 있고 왕모당도 모셔져 있다.

청포도 시비 조형물(위). 1992년 7월 생가터를 돋우어 복원하고 그 자리에 청포도를 상징하는 시비를 세웠다. 아래 사진은 왼쪽부터 이진구(1991년 이육사연구회를 설립하고 기념사업을 이끌던 전 안동문화회관 관장), 양자 이동박, 육사 외동딸 이옥비, 안동군청 담당계장 이경원, 고향 마을 출신 친척 이원택.

그곳에서 다시 1.7킬로미터 뒤로 멀리 왕모산(648미터)이 솟아 있고, 그 줄기가 북쪽에서 남쪽으로 내려와 다시 서쪽으로 향하여 병풍처럼 둘러쳐져 있다. 육사도 수필 〈계절季節의 오행五行〉에서 이렇게 표현하였다.

> 내 동리 동편에 왕모성이라고 고려 공민왕이 그 모후母后를 뫼시고 몽진蒙塵하신 옛 성터로서 아직도 성지城址가 잇지만은 대개 우리 동리洞里에 해가 뜰 때는 이 성 우에서 뜨는 것……[16]

육사가 살던 그 시절에 이 마을은 백여 호가 살아가는 규모였던 모양이다. 〈계절의 오행〉에서 그는 '한 백여호 되락마락한 곳'이라고 표현했다. 산간벽지 치고는 제법 큰 집성촌이었던 셈이다.

육사가 태어난 집은 현재 남아 있는 마을의 입구에 있었다. 경상북도 안동군 도산면 원촌동(현재 원천동) 881번지가 그 주소이다. 언덕에서 내려다보면 이 마을 입구에 하얀 돌로 만든 아름다운 조형물이 자리 잡고 있다. 길쭉하고 둥근 모양으로 단을 도톰하게 쌓고 잔디를 입혔다. 크기가 다른 일곱 개의 하얀 화강석을 마치 포도송이처럼 둥글고 예쁘게 다듬어 놓았는데, 그 위에 한쪽으로 약간 치우쳐 까만 비석 하나가 반듯하게 옆으로 얹혀 있다. 비석에는 동판으로 양각된 육사의 얼굴 모습과 시 〈청포도〉가 새겨져 있다. 둘레에는 포도넝쿨 같은 은색 쇠줄이 낮게 엉키면서 둘러져 있다. 이것이 바로 육사가 태어난 집터에 지난 1993년 10월 세워진 시비와 조형물이다. 생가가 안동댐 건설로 수몰 위기에 직면했을 때, 시내로 건물을 옮겨 두었다고 앞서도 말한 바 있다.

1904년

—육사의 출생과 집안 전통

육사는 퇴계의 14세손으로 독립운동가들이 많이 배출된
안동의 원촌에서 자랐다.
그의 지향성과 지성은 어느 날 갑자기
생성된 것이 아니었다.

친일적인 행위나 태도를 인정하지 않는 적극적인 사고와 생활 자세가
돌연변이로 어느 날 갑작스럽게 만들어지기는 힘든 일이다.
육사도 이 점을 "무서운 규모가 우리들을
키워 주었습니다"라고 〈계절의 오행〉에서 말하였다.

육사를 둘러싼 '무서운 규모'

육사의 혈통을 보면, 그는 퇴계 이황의 14세손이요, 원촌 마을을 열어 나간 이구李榘의 9세손으로 태어났다. 육사의 6대조 사은仕隱 이구운李龜雲이 문과에 급제하여 형조참판을 역임했고, 고조부 이휘빈李彙斌은 통덕랑通德郎을 지냈으니 글과 벼슬을 이어 온 집안임을 알 수 있다. 육사의 할아버지는 치헌痴軒 이중직李中植이요, 아버지는 아은亞隱 이가호李家鎬로, 할아버지는 일찍부터 그에게 글을 가르쳤고, 특히 보문의숙寶文義塾 초대 숙장塾長(교장)을 맡았다고 전해진다.[17] 육사는 이러한 혈통을 이으며 1904년 음력 4월 4일(양력 5월 18일)에 태어났다.

육사의 집안은 저항성이 강한 성격을 보였다. 하계와 원촌을 하나로 묶어 이해할 필요가 있을 정도로 이 두 마을의 저항성은

| 이가호 가계도 |

이중직李中稙 —— 오종吳鍾   허형許蘅 —— 이중李中

이가호李家鎬 —— 허길許吉

원기源祺
(원영源英)

원록源祿
(원삼源三)

원유源裕
(원일源一)

원지源祉
(원조源朝)

원우源祐
(원창源昌)

원룡源龍
원홍源共

●●

| 이육사 가계도 |

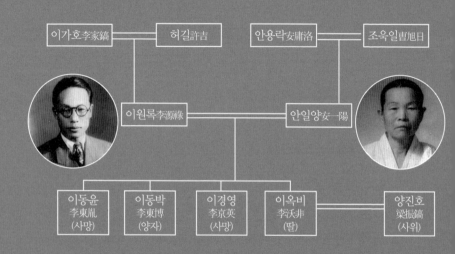

이가호李家鎬 —— 허길許吉   안용락安庸洛 —— 조욱일曺旭日

이원록李源祿 —— 안일양安一陽

이동윤
李東胤
(사망)

이동박
李東博
(양자)

이경영
李京英
(사망)

이옥비
李沃非
(딸)

양진호
梁振鎬
(사위)

돌보였다. 근대사에 접어들 무렵 이 두 마을은 한국 독립운동사에서 빛나는 인물들을 많이 배출했다. 대개 학연과 지연 및 혈연에 따라 분류하면, 지역감정을 연상하여 부정적으로 평가하는 경우가 허다하지만, 그러한 출신에 따라 시대에 대처하는 양상은 분명히 다르게 나타난다. 실제로 전국 곳곳을 조사해 보면, 독립운동가들이 집중적으로 배출된 지역이나 학통이 존재하고, 그 반대로 친일파를 많이 배출한 곳도 있다.

이곳 원촌은 이웃 하계와 함께 항일투쟁사에 우뚝한 마을이다. 하계 출신으로 예안의병장을 지낸 이만도李晚燾는 일제강점에 들자 단식하다가 순국했다. 그의 동생, 아들과 며느리, 그리고 손자들이 모두 항일투쟁사의 거목이 되었다. 원촌에서는 육사를 비롯하여 그의 형과 동생들이 모두 항일투사로 활약했고, 3·1운동이나 6·10만세시위 및 신사참배반대운동까지 펼쳐 나간 인물들이 이곳에서 집중적으로 배출되었다. 그런 분위기에서 육사가 정신적인 지주를 일찍부터 가슴에 안고 자라났던 것이다.

친일적인 행위나 태도를 인정하지 않는 적극적인 사고와 생활 자세가 돌연변이로 어느 날 갑작스럽게 만들어지기는 힘든 일이다. 육사도 이 점을 "무서운 규모가 우리들을 키워 주었습니다"라고 〈계절의 오행〉에서 말하였다. 즉 '무서운 규모'라는 정신적 틀, 전통적 규범이 이 마을을 하나로 묶어 두고 있었던 것이다. 그러므로 역사가들은 인물에 대해 이야기할 때, 으레 출신과 교육 및 성장 환경 등을 둘러본다.

한편 육사의 어머니는 허길許吉이다. 외할아버지 범산凡山 허형許蘅은 의병장으로 이름난 왕산旺山 허위許蔿의 사촌이었고, 그 또한 의병장으로 활약한 인물이었다. 또 육사의 외숙들도 독립운동에 기여하였는데, 특히 일헌一軒 허규許珪의 영향을 많이 받았다. 그리고 외사촌 허은許銀은 아버지 일창一蒼 허발許坺의 손에 이끌려 만주로 갔다가 독립운동가 이병화李炳華의 아내가 되었다. 이병화는 대한민국임시정부 국무령을 지낸 석주石洲 이상룡李相龍의 손자이다. 또 동북항일연군 제3로군 참모장이 되어 1942년 헤이룽장성黑龍江省 칭청셴慶城縣(현 칭안셴慶安縣) 칭송링靑松嶺에서 전사한 허형식許亨植은 육사의 외사촌이다.

이처럼 육사의 외가 친척들은 만주나 소련으로 대다수 망명하여 독립운동의 한길을 걸었다. 그러다 보니 1908년 허위가 사형되었을 때, 그 시신을 인수하여 장례 치를 형제가 없을 정도였다. 특히 허위의 자손들은 이후 북한이나 소련에 거주하게 됨으로써 국내에 후손이 거의 남지 않았다. 그들 가운데《김일성정전金日成正傳》을 쓴 러시아의 임은林隱 허웅배許雄培가 대표적인 인물이다. 육사와 촌수

육사의 어머니 허길.

를 따진다면, 허웅배는 육사의 외삼종제, 즉 외가 8촌 동생이다.[18]

이처럼 육사의 집안은 친가와 외가가 모두 강렬한 항일투쟁의 분위기를 갖고 있었다. 그 속에 자라난 육사와 형제들이 그러한 성향을 갖는 것은 당연한 일이었다.

육사의 형제들

육사는 여섯 형제 가운데 둘째로 태어났다. 맏형인 일하一荷 원기源祺, 동생인 수산水山 원일源一, 여천黎泉 원조源朝도 항일투쟁사에 이름을 남겼으니, 그러한 배경에는 출신 마을과 가계의 성향이 작용했던 것이다. 원기는 대구로 이사한 이후 부모를 모시고 동생들을 거느리며 어려운 살림을 도맡았다.

그는 끊임없이 일을 펼치는 동생들의 뒷바라지를 위해 노력했고, 그 스스로도 장진홍 의거에 엮여 끝내 옥살이를 했다. 동생들이 돌아가며 체포되니 그 역시 불려다니지 않을 수 없었다. 가족들의 면

육사에게 큰 영향을 끼친 외숙 허규.

면을 보여 주는 자료로 1935년에 육사가 일본 경찰에 진술한 내용 가운데 다음과 같은 것이 있다.

부친; 가호家鎬	당 59세
모친; 허許씨	당 60세
형; 원기源祺	당 37세
형수; 장張씨	당 35세
조카; 동망東望	당 13세
조카; 동환東煥	당 8세
조카; 동휘東輝	당 5세
조카; 동녕東寧	당 3세
아우; 원일源一	당 29세
제수; 하河씨	당 28세
조카; 동탁東鐸	당 8세
조카; 동선東宣	당 4세
아우; 원조源朝	당 27세
제수; 이혜숙李惠淑	당 25세
아우; 원창源昌	당 22세

동생들의 뒷바라지에 애쓴 육사의 맏형 이원기.

아우; 원홍源洪   당 19세[19]

　육사 집안은 1921년 무렵 대구부大邱府 남산정南山町(현 대구 남산동) 662번지로 이사했다. 가세가 기울어 이사했다고도 하지만 원일이 서화를 배우고, 원조가 대륜학교(현 대륜중·고교)를 다닌 것으로 보아 신교육, 새로운 직장을 찾아 이동한 것으로 보인다. 이 많은 가족들이 이사한 뒤 모두 한집에 모여 살았다. 맏형 이원기의 처지를 헤아릴 만하다.

　셋째 원일도 여러 차례 투옥된 경력을 가진 인물인데, 특히 그는 특출난 서화가書畵家로 알려져 있다. 어려서부터 형제들 사이에서 뛰어난 서화 솜씨를 보였고, 1920년에 대구로 이사 가서는 서병오를 스승으로 섬기면서 서화에서 일가를 이루었다.

　넷째 원조는 평론가로서 이름을 드날렸다. 그는 1928년《조선일보》신춘문예 시 부문에서 입선하고, 이듬해에는 소설 부문에서 가작으로 뽑혔다. 일본에 유학한 원조는 1931년 도쿄 호세이대학法政大學 불문학과를 졸업했다. 아내 이혜숙은 프랑스 파리에서 열린

평론가로 이름을 드날린 육사의 동생 이원조.

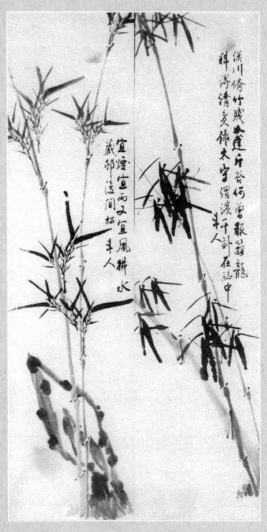

이원일의 서화.
이원일은 당대의 서화가로 이름을 알렸다.
※출처: 이육사문학관.

육사 형제들(1936).
왼쪽부터 원홍, 원규(사촌), 원창.
※출처: 이육사문학관.

육사와 원창.

월미도에 놀러간 육사 형제. 왼쪽부터 차례대로 원창, 원일, 원조. 원창이
《조선일보》 인천지국에 근무하던 때일 수도 있다.

강화회의에서 김규식을 도와 활동했던 이관용李灌鎔의 딸이다. 그는 1935년부터 1939년까지 《조선일보》 학예부 기자였는데, 홍기문洪起文(홍명희의 아들)에 이어 학예부장을 맡기도 했다. 해방 후에는 조선문학가동맹을 조직해 초대 서기장이 되었고, 《현대일보》와 《해방일보》의 주필을 역임했는데, 1947년 말에 월북하여 1953년 8월 남로당 숙청 때 투옥되었다가 1955년에 옥사한 것으로 알려졌다.[20]

다섯째 원창은 《조선일보》 기자를 지냈다. 아마도 1935년이나 이듬해부터 인천지국에 근무한 것 같다. 1940년 8월 11일 자 《조선일보》에 〈기자로서 본 내 지방〉이란 특집대담이 실렸는데, 원창이 인천 특파원으로 적혀 있다. 그 자리에서 원창은 "저는 기자 생활 오 년인데, 무슨 인연인지 삼형제가 본사에 관계한 것은 이즐 수 업는 사실입니다"라고 소감을 말했다. 육사와 원조, 그리고 원창 삼형제가 조선일보사에 근무한 것을 두고 말한 것이다.

육사의 형제들은 우애가 대단하기로 소문이 났다고 알려졌다. 장진홍 의거로 감옥에 갇혔을 때 서로 책임을 떠맡으려 했고, 서울에서 시회를 열 때도 육사는 동생 원일, 원조와 함께 어울렸다. 이러한 형제애의 바탕에는 어머니 허길의 가르침이 주효한 것 같다. 어머니는 일찍이 형제들이 너무 법도에 얽매이게 되면 우애를 해치게 되니 술과 담배를 함께하라 일렀다는 이야기가 집안에 전해지고 있다. 다만 아쉬운 것은 막내 원홍이 일찍 요절한 일이다.

1909~1924년

—육사가 자라면서 받은 교육

1909년 조부 치헌 이중직에게서 《소학》을 배우다.
1919년 보문의숙 졸업(1회).
1920년 석재 서병오에게서 그림 사사.
1921년 오동 안양락의 딸 일양과 결혼, 백학학원에서 수학.
1923년 백학학원에서 교편을 잡다.
1924년 일본 유학.

"나와 여천黎泉은 글씨를 쓰면 수산水山을 당치 못했고
인재印材는 장래에 수산에게 돌아갈 것이 뻔한 일이었다.
그래서 나는 글씨 쓰길 단념斷念하고 화가畵家가 되려고
장방에 있는 당화唐畵를 모조리 내놓고
실로 열심熱心으로 그림을 배워 본 일도 있었다."
―이육사 〈연인기〉 중에서

한문을 배우며 자라나다

육사는 어릴 때 고향에서 형제들과 더불어 조부에게서 한학을 배웠다. 그는 "내 나이 여섯 살 때 소학小學을 배우고"라고 수필 〈전조기剪爪記〉에 썼고, 동생들과 글 배우던 장면을 수필 〈연인기戀印記〉에서 다음과 같이 묘사했다.

그런데 우리가 시골 살던 때 우리 집 사랑방 문갑文匣 속에는 항상 몇 봉의 인재印材(도장 재료─필자 주)가 들어 있었다. 그래서 나와 나의 아우 수산군水山君(원일─필자 주)과 여천군黎泉君(원조─필자 주)은 그것을 제각기 제 호號를 새겨서 제것을 만들 욕심을 가지고 한바탕씩 법석을 치면 할아버지께서는 웃으시며 '장래에 어느 놈이나 글 잘하고 서화書畫 잘하는 놈에게 준다'고 하셔서 놀고 저운(놀고 싶은 – 필자 주) 마음은 불현듯 하면서도 뻔히 아는 글을 한 번 더 읽고 글씨도 써 보곤 했으나 나와 여천은 글씨를 쓰면 수산을 당치 못했고 인재는 장래에 수산에게 돌아갈 것이 뻔한 일이었다.

할아버지가 아끼던 도장 재료를 상품으로 내걸고 손자들을 경쟁시킨 것이다. 이 과정에서 동생 원일이 이미 어린 시절부터 서화에 빼어난 재능을 가지고 있었다는 사실을 알 수 있다.

육사가 한문을 배우는 장면은 〈은하수銀河水〉라는 수필에 그 과정이 잘 묘사되어 있다. 동네에서 글을 배우고 짓고, 《고문진보古文眞寶》나 《팔대가八大家》 등을 읽고서 다음 단계로 경서를 외워가는 이야기가 잔잔히 나열되어 있다. 십여 세 남짓했을 때 경서를 전질全帙 외우는 고역으로 긴긴 가을밤에 책과 씨름하고 밤 1시가 넘어 삼태성三台星이 은하수를 건너는 장면을 수채화 그리듯이 적어 나갔다.

그러나 숲 사이로 무수無數한 유성流星같이 흘러 다니든 그 고흔 반딧불이 차츰 없어질때에 가을벌레의 찬소리가 플로하나 가득 차고 우리의 일과日課도 달러지는것이였다. 여태까지 읽든 외집外集을 덮어치우고 등잔燈盞불 밑헤서 또다시 경서經書를 읽기 시작하는것이였고 그 경서經書는 읽는대로 연송連誦을 해야만 시월중순十月中旬부터 매월每月 초하루보름으로있는 강

(講을) 낙제落第치 안는것이였다. 그런데 이 강講이라는 것도 벌써 경서經書를 읽는 처지면 중용中庸이나 대학大學이면 단권책單券冊이니까 그다지 힘드지않으나마 논어論語나 맹자孟子나 시전詩傳 서전書傳을 읽는 선비라면 어느 권卷에 무슨장章이 날른지 모르니까, 전질全帙을 다외우지않으면 안됨으로 여간힘드는 일이아니였다.[21]

이 글을 통해 그가 배운 전통 학문의 수준이 고급과정을 돌파한 것임을 알 수 있다. 이 과정에서 조부의 가르침과 영향이 절대적이었음은 따로 이야기할 필요가 없다. 또 그는 〈연인기〉에서 《중용》과 《대학》도 배웠다고 적었다. 육사와 함께 한문을 공부했던 옆집 친척이자 동기가 "육사가 사서를 모두 마쳤다"고 증언한 것으로 보아,[22] 육사의 한문 수학 수준을 알 수 있다. 이러한 이유로 1935년 일본 경찰의 육사 심문 기록에 그의 종교가 '유교'로 기록되었을 것이다.[23]

보문의숙을 거쳐 도산공립보통학교 다니다

그가 받은 신식 교육은 이후 고향에 세워진 보문의숙寶文義塾에서 수학한 것이었다고 전해진다. 보문의숙은 1909년 12월에 진성 이씨 문중을 중심으로 세워진 문중 학교이며, 초등과 중등과정을 둔 신식 교육기관이었다.[24] 정식으로 인가 받은 것은 1910년 1월 경으로 추정된다. 이 학교는 퇴계의 13대 종손인 이충호李忠鎬와 경주댁이라는 택호를 가진 이상호李尙鎬가 주도하고, 이중태·이중한·이중규·이중렬 등이 힘을 모아 설립했다. 더구나 학교의 재원으로 도산서원의 토지가 상당수 투입되기도 했다.[25]

보문의숙은 문중의 모든 재산을 투자하여 공립학교 설립 인가를 받아 도산陶山공립보통학교로 바뀌었다. 1918년 4월 1일에 도산공립보통학교가 보문의숙 학생들을 각 학년에 편제시켰다. 4월 말 현재 학생이 98명이라는 사실에서 거의 대다수 학생이 보문의숙 출신일 것이라 추측된다. 학교가 바뀌면서 학생만이 아니라

(왼쪽) 보문의숙 식물학 교과서. (오른쪽) 보문의숙 화학 교과서.
※출처: 이육사문학관.

(위) 1916년 10월 20일 도산공립보통학교 개교식 사진으로 알려지지만,
1916년이면 보문의숙이 계남에서 토계로 옮긴 해이고,
도산보통학교 개교라면 1918년이 옳다.
※출처: 온혜초등학교.

(아래) 보문의숙 교사였던 계남 고택. 현재는 안동민속박물관으로 옮겨져
전통 한옥 숙박용으로 사용되고 있다.

교사도 함께 옮겨 갔다. 1916년부터 보문의숙에 촉탁교원으로 근무하고 있던 오창수吳昶洙와 나리타 다케지로成田竹次郎가 재학생들과 더불어 편입된 것이다.[26]

육사는 보문의숙을 다니다가 도산공립보통학교로 편입되어 1회로 졸업했다고 전해진다. 보문의숙을 다닌 것에 대한 구체적인 자료는 발견되지 않는다. 문중 학교의 위상이나 조부의 관련 이야기를 헤아려 보면 육사가 보문의숙을 다닌 것은 분명해 보이지만 도산공립보통학교 1회 졸업생 명부에서 그의 이름을 찾을 길은 없다. 졸업생 명부는 그의 이름이 수록되지 않은 일부만 남아 있을 뿐이다.

졸업생 명부는 온전하지 않아도 그가 이 학교를 졸업했다는 사실을 알려 주는 보완 자료는 남아 있다. 그의 진술을 토대로 작성되었을 일제 경찰의 자료에는 1920년에 본적지의 공립보통학교, 즉 도산공립보통학교를 졸업했다고 기록되어 있고,[27] 그가 직접 "본적지에서 도산공립보통학교를 졸업"했다고 말한 〈신문조서〉 내용도 있다.[28] 또 육사가 1회 동기생이라고 한 졸업생들의 증언이 있어서 그 사실을 인정할 만하다.[29] 그런데 한 가지 의문은 그가 1회 졸업생이라면 졸업 연도가 1920년이 아니라 1919년이어야 한다는 점이다. 일본 경찰의 기록이 잘못되지 않았다면, 3·1운동 직후 학교 관련 인물들이 검속되기도 하고, 학교도 상당 기간 문을 닫았던 현상의 하나라고 짐작된다.

혼인하고 대구로 이사하다

육사의 집안은 1916년에 조부가 별세하면서 가세가 기울기 시작한 것으로 전해진다. 조모와 모친 등 안식구들은 온혜에서 서쪽으로 4킬로미터 정도 떨어진 안동 녹전면祿轉面 신평동新坪洞 526번지, 속칭 '듬벌이'로 이사하였다. 집안의 고모뻘 친척이 듬벌이로 시집간 것을 인연으로 그곳으로 옮겨 간 것이라 한다. 그동안에도 육사는 원촌 마을에서 학교를 다녔다.

만 17세가 되던 1921년 봄 육사는 고향 마을에서 혼인하였다. 대구로 이주한 뒤 혼인했다는 이야기가 정설로 알려지지만 외동딸 이옥비는 고향에서 혼인한 뒤 대구로 이사했다고 증언하고 있다. 아내는 영천군 화북면華北面 오산동梧山洞의 대지주 안용락安

육사의 처가가 있는 영천군 화북면 오동 미을.

庸洛의 딸인 일양一陽이었다. 처음에 그는 이 혼사를 선뜻 받아들이지 않았다고 한다. 아마도 새롭게 들어온 신교육에 대한 열망이 강했기 때문일 것이다. 몇 년 동안 그가 줄곧 해외 유학을 추구했던 사실에서 그러한 가능성을 읽을 수 있다. 그래서 결혼을 미루고 있었지만, '부친의 엄명'을 거역할 수는 없어서 하는 수 없이 결혼했다.[30] 강요된 결혼은 결국 육사의 가정생활이 만족스럽지 못하게 된 하나의 원인으로 작용한 것으로 보인다. 신학문과 근대사회에 대한 의식을 섭취하려는 욕구로 충만하던 그가 전통적인 굴레 속에서, 또 그러한 분위기에서 수수하게 자라난 여성을 아내로 받아들이는 것을 선뜻 내켜하지 않았던 모양이다.[31]

육사 집안과 영천 화북 오동의 안씨 집안 사이에 혼인하는 범위, 즉 통혼권이 형성되어 있었는지는 알 수 없다. 그곳에 창녕 조씨 집안이 있고, 그 조씨가 원촌과 통혼권을 맺고 있었으므로, 이를 통해 연결된 것이 아닌가 짐작된다. 육사의 장인 안용락이 그 집안에서 가장 부유했기에 똑똑한 사위를 볼 수 있었던 것이라고 문중 사람들은 전한다.

혼인 후 육사는 안식구들이 먼저 가 있던 녹전 듬벌이에 잠시 합류했다가 다시 대구로 옮겼다. 가족 모두 대구에서 다시 모인 것이다. 10년쯤 뒤 1930년대 초 〈신문조서〉에는 그의 가족 주소가 대구부大邱府 남산정南山町(현 남산동) 662 또는 662의 35로 남아 있다.[32] 1934년 경찰에 진술한 내용에서도 여전히 그의 부모와 형제들이 모두 대구 남산동의 그 집에 살고 있다고 기록되어 있다. 가

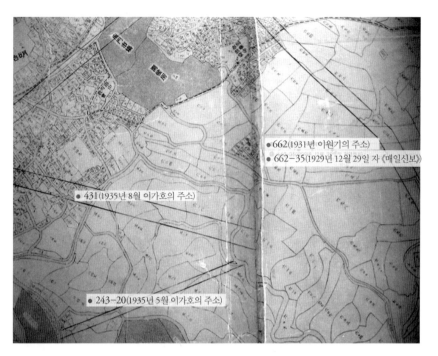

● 662(1931년 이원기의 주소)

● 662-35(1929년 12월 29일 자 《매일신보》)

● 431(1935년 8월 이가호의 주소)

● 243-20(1935년 5월 이가호의 주소)

(위) 아버지 이가호와
형 이원기의 주소
(1927년 대구 지적도).

(아래) 남산동 662번지
변형된 집. 이 일대에 들어선
반월당역 서한 포레스트
아파트 단지 안에 작은 문화
공간인 이육사기념관이
옛 자취를 전하고 있다.

족 모두가 대구로 이사한 사실을 확인할 수 있는 대목이다. 1934
년 당시 부모와 형제 모두가 함께 살면서 전체 수입이 1백 원 정도
로 보통 생계를 유지하고 있다고 진술한 점으로 미루어 보면,[33] 그
리 넉넉한 살림은 아니었다. 더구나 일본 경찰은 "자산이 없고 생
활이 빈곤함"이라고 조사 결과를 기록하였다.[34] 그가 결혼을 늦춘
다는 것은 어려운 가정에 짐이 되는 일이었음이 분명했다.

대구에서는 서화가로 이름 높던 석재石齊 서병오徐丙五에게서
얼마 동안 그림을 배웠다. 이미 그는 열 살 무렵에 고향집에서 도
장 재료를 상품으로 받아 볼 욕심에 집안의 당화唐畵(중국풍 그림)
를 모조리 내놓고 그림 연습을 하기도 했다. 이 또한 육사의 수필
〈연인기〉에 나오는 대목이다.

나와 여천黎泉(원조─필자 주)은 글씨를 쓰면 수산水山(원일─필자
주)을 당치 못했고 인재印材는 장래에 수산水山에게 돌아갈 것
이 뻔한 일이었다. 그래서 나는 글씨 쓰길 단념斷念하고 화가畵
家가 되려고 장방에 있는 당화唐畵를 모조리 내놓고 실로 열심
熱心으로 그림을 배워 본 일도 있었다.[35]

여기에서 배운 서화 실력이 비록 완성된 경지에 이르지는 못했
지만, 육사의 그림 솜씨는 그 흔적을 보여 주고 있다. 가장 친하게
지냈던 시인 신석초는 "육사는 붓을 들면 글씨도 능하였고 난초나
매화 절지 따위도 곧잘 그렸다"고 회상했다.[36] 또 실제로 그가 시

육사가 그린 난초 그림.
당시 시집 발간을 준비 중이었음을
'이육사 시고'라는 글귀에서 알 수 있다.

집 간행을 준비하면서 직접 책표지 제목을 써 둔 게 있는데, '이육사시고李陸史詩稿'라는 제호를 붙인 난초 그림으로 구성되어 있다.

육사는 얼마 지나지 않아 처가 동네로 옮겨 갔다. 그는 장인이 학무위원으로 있던 영천군 지곡면 안천리(현 영천시 화남면 안천리) 백학학원白鶴學院을 다녔다.[37] 이 학원은 퇴계 이황과 그의 제자 금계錦溪 황준량黃俊良을 모신 백학서원白鶴書院의 재산을 바탕으로 창산倉山 조병건曹秉健이 세운 신식 교육기관이었다.[38] 조병건은 면우俛宇 곽종석郭鍾錫과 회당晦堂 장석영張錫英의 제자였다. 창녕 조씨 문중의 힘과 지역민들의 힘으로 설립된 이 학원은 초등과정이었는데, 초등 졸업생들을 중등과정에 보내기 위한 예비교육과정으로 보습과를 병설로 두기도 했다. 1924년도 〈백학학원 생도 모집 요강〉을 보면, 제1학년 70명과 각 학년 보결생 약간명, 중등학교 입학 준비를 위한 보통학교 4학년 졸업 정도 학생 50명을 보습과에 모집한다고 적혀 있다.[39] 그렇다면 앞의 정규과정은 초등이고, 뒤의 보습과는 중등 예비과정이다. 육사가 다닌 과정은 바로 이 보습과였을 것이다. 왜냐하면 그가 이미 고향에서 보문의숙과 이를 이은 도산공립보통학교를 마친 데다가 사서삼경을 독파한 수준이었기 때문이다.

그리고 육사가 이 학교에서 교원으로서 9개월 동안 학생들을 가르쳤다는 기록이 있다. 1934년 경찰에서 밝힌 그의 진술 내용에 들어 있는데, "19세 때 영천 사립 백학학원 교원으로 9개월간 근무했고, 다이쇼大正 13년(1924) 4월에 동경으로"라고 밝혔던 것

(위) 백학서당 옛 현판과 옛 백학학원.
(아래) 복원된 백학서당(경북 영천시 화남면 안천리 241).

이다.[40] 그렇다면 육사는 1921년 혼인한 뒤 대구를 거쳐 처가로 가서 백학학원의 보습과를 마치고, 1923년 여름부터 교원으로 활약했다는 말이 된다. 그러고서 1924년 4월 학기에 일본으로 유학길에 올랐다는 것으로 정리된다.

〈생도 모집 요강〉은 백학학원에 대한 중요한 정보를 담고 있다. 모집 취지문과 모집 내용, 학무위원과 학원장 및 강사 명단이 명시되어 있는데, 학무위원으로 조병렬曺秉烈을 비롯한 14명을, 학원장 조병철曺秉哲 외 강사 7명의 명단이 실려 있다. 이명석李命錫·서만달徐萬達이 동기생이었다고 알려졌는데,[41] 이 〈생도 모집 요강〉은 그들이 강사였음을 말해 준다. 이들도 육사처럼 학생으로 다니다가 강사가 된 것이 아닌가 짐작되기도 한다. 백기만白基萬도 잠시 교사로 근무했다고 당시 졸업생은 증언한다. 백기만은 3·1운동 당시 대구고등보통학교 3학년으로서 활동했기 때문에 이 당시에는 졸업 후 교사로 근무한 것이었다고 정리하는 것이 옳겠다.[42]

또 육사가 백학학원에 7~8개월간 부정기적으로 다녔다고 기록한 경우도 있고,[43] 2년 동안 다녔다는 증언도 있다.[44] 그런데 그가 1924년에 일본 유학길에 올랐으므로 1921년 결혼 직후부터 다녔다면 1년 이상 이 학교에 다녔다고 추정할 수 있다. 그해에 대구 교남학교嶠南學校(현 대륜중·고등학교)에 입학하여 얼마동안 다닌 일이 있다고 하지만,[45] 신빙성이 없다. 다만 동생 원조가 이 학교를 다녔고, 그 내용이 졸업생 명부에 나와 있을 뿐이다.

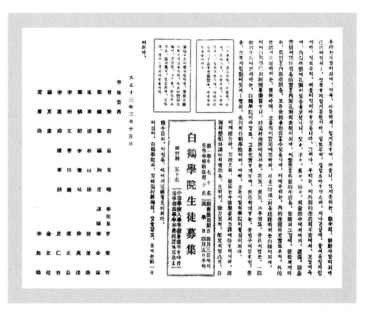

백학학원 〈생도 모집 요강〉.

　　백학학원 시절, 무엇보다 빼놓을 수 없는 일은 조재만曺再萬(용찬瑢燦, 충환忠煥)과의 사귐이었다. 백농白聾이라는 호를 쓰는 조재만과의 만남은, 뒷날 육사가 독립운동에 뛰어들 무렵에 만난 이정기李定基의 호가 백아白啞라는 것을 고려하면 매우 의미심장하다. 예전에는 귀머거리(농)와 벙어리(아)를 떼려야 뗄 수 없는 관계로 인식했다는 점에서 이들이 무척 친밀했으리라 추측할 수 있다. 조재만은 1921년에 대구에서 교남학교를 다니다가 백학학원이 설립되자 3학년에 편입했고, 서울 휘문고보로 진학한 뒤 교장 배척운동을 벌이다가 제적된 인물이다. 육사가 일본에서 돌아온 뒤 이정기와 베이징에 드나들 때, 여기에 합류함으로써 상당 기간 호흡을 같이한다.

두 가지 흥미로운 이야기가 있다. 하나는 육사가 영천에 오기 전까지 상투를 틀고 있었다는 사실이다. 안동에서는 1907년에 사립 협동학교가 중등과정으로 처음 생겨났고, 1910년에 학생들을 단발시켰다. 그러자 최성천崔聖天·김재명金在明 등이 이끄는 예천 지역 의병들이 기습하여 교감 김기수金箕壽와 교사 안상덕安商德· 서기 이종화李鍾華 등 3명을 살해하는 사건이 발생하기도 했는데,[46] 이는 당시까지 안동에서 상투를 유지하고 있는 경우가 많았다는 뜻이다. 그런 상황이었으니, 육사도 상투를 튼 채 장가들어 영천으로 간 후 백학학원을 다닐 때 비로소 상투를 잘랐을 것이다.[47] 안동에서는 1930년대에도 상투를 자르자는 홍보문이 나돌 정도였다.

다른 하나는 신세대 선두주자 육사가 당시 안동 학맥과 한주 학맥 사이에 얼마간 존재했던 갈등 관계를 자연스럽게 넘어서고 있었다는 사실이다. 의병운동을 시기에 따라 세 단계로 나누었을 때 전기 의병 직후, 특히 1897년 무렵 안동 학맥은 성주의 한주寒 洲 이진상李震相을 계승하는 한주 학맥과 불편한 관계를 가지고 있었다. 백학학원 설립자 조병건은 곽종석의 제자였으니, 한주 학통인 셈이다. 육사가 백학학원에 진학하고 그곳에서 교편을 잡았다는 사실은 학통이나 학맥 차원에서 따질 일이 전혀 아니지만, 그가 그곳에서 학교를 다녔다는 사실 자체는 시대의 변화를 음미해 볼 수 있는 실마리를 제공하고 있다. 일제의 침략과 강점, 대구로의 이주, 이러한 변화 후 육사는 장인이 관여하는 신식 학문기관에 다니게 된 것이었다. 육사가 학맥에 얽힌 관계를 알든 모르든 간에 매우 자연스럽게 장막을 한 겹 헤치고 나간 것이다.

일본 유학

영천 처가에서 백학학원 강사로 있던 육사는 1923년 말쯤에 부모와 형이 살고 있던 대구 남산동으로 합류했다. 뒷날 일제 〈신문조서〉에 따르면 그는 1924년 4월 일본 도쿄에 갔다가 1925년 1월 돌아왔다.[48] 일본 유학 기간이 9개월 정도 되는 셈이다. 그런데 그가 다닌 학교 이름이 기록에 따라 각각 달라서 도무지 판단이 서지 않는다. 도쿄세이소쿠예비교東京正則豫備校와 니혼대학 문과전문부日本大學文科專門部를 다니다가 병으로 퇴학했다는 일제 경찰 기록도 있고,[49] 간다구神田區 긴조錦城고등예비학교에 입학하여 1년간 재학했다는 진술이 담긴 〈신문조서〉도 있다.[50] 또 일제의 다른 정보 자료에는 '니혼대학日本大學 중퇴中退'라는 것도 있기도 하다.[51]

〈신문조서〉에 따라 긴조고등예비학교에 1년 동안 재학했다고 하면 그 전후로 다른 학교나 과정을 다녔을 수 있다. 특히 현장에 가 보면 도쿄세이소쿠예비교와 긴조고등예비학교가 바로 옆에

(위) 간토대지진 후
도쿄세이소쿠예비교.

(아래) 현재 도쿄세이소쿠고등학교.

(오른쪽) 1923년 9월 이전까지
도쿄세이소쿠예비교의 도면.

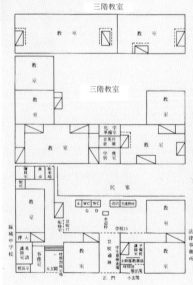

大正12年9月以前までの正則英語学校々舎図
（神田綿町3－2）

(위) 간토대지진 후 긴조고등예비학교 교사.
(아래) 1923년 12월 이후 긴조고등예비학교.
(오른쪽) 긴조고등예비학교의 현재.

도쿄 두 학교 위치와 현재.
육사가 다닌 것으로 알려지는 도쿄세이소쿠예비교와
긴조고등예비학교는 나란히 붙어 있다.

붙어 있어서 두 학교를 모두 오간 것으로 짐작되기도 한다. 따라서 여기에 등장하는 학교들을 모두 각각 짧게 혹은 한 학기 정도 다녔을 수도 있겠다. 그렇지만 대개 전문부는 중등과정을 의미하므로, 그가 일본에서 중등 정규과정을 다니면서 장차 대학 진학을 염두에 두고 있었다고 추정해 볼 수 있겠다. 그렇지만 그는 1년 만에 귀국하고 말았다. 각종 기록에 그의 건강 때문이라는 이유가 깔려 있다.

육사가 1년 동안 일본에서 그저 진학을 염두에 두고 학교생활에만 몰두했을까? 아마 그렇지는 않았을 것이다. 확실한 물증이 손에 잡히지는 않지만, 그가 아나키즘(무정부주의)운동에 가담했다는 이야기가 전해지기 때문이다. 일본에서 활약한 노동운동가인 김태엽金泰燁은 육사가 아나키스트 모임인 흑우회黑友會의 회원이었다고 기록하였다.

> 흑우회의 본거지는 죠시가야卆雜司谷區에 있었다. 회원으로서는 서상한·신영파·홍진유·최규종·김철·이육사(청포도의 시인, 북경에서 사망; 밑줄—필자)·이기영·이홍근·김묵·이경순(시인)·박홍곤·박열·장상중, 그 외에도 일본인으로 마스나가 이치로增永一郎·구리하라 이치부栗原一夫 등이 있었다. 흑우회에서는 일본인 무정부주의자 이사와 사쿠타로岩佐作太郎·가토 이치부加藤一夫·나이 이타루新居格 등을 밤에 초청해서 강의를 듣고 모자를 벗어서 돈을 걷어 다과회를 열곤 했다.[52]

하지만 김태엽은 육사를 일본에서 한 차례도 만난 적이 없는 인물이다. 그러므로 김태엽의 이야기는 오로지 참고로 삼을 뿐, 의존해서는 안 될 것이다. 다만 육사가 일본에 있는 동안 아나키즘에 매료되기 시작했을 가능성은 있어 보인다. 만약 그가 아나키즘에 한쪽 발을 디뎠다면, 민족문제에 대한 심각한 번뇌를 비로소 경험하기 시작한 출발점이 되었을 것이다.

도쿄에서 한인들이 조직한 첫 신사상 단체가 1921년 11월에 결성된 흑도회黑濤會였다. 다음 해 10월에 이것이 사회주의 계열과 아나키스트 계열로 나뉘면서, 후자는 흑우회를 결성했고 1928년 1월에 흑우연맹으로 재편되기에 이르렀다. 육사가 일본에 갔던 1924년 4월에는 흑우회가 조직된 이후였으니, 그도 여기에 참가했다는 기록에 그럴 가능성을 충분히 짐작할 수 있다. 아쉽게도 그것을 뒷받침할 만한 다른 자료들은 발견되지 않았다.

육사가 도쿄에 유학하던 때는 대혼란 시기였다. 한 해 앞서 1923년 9월 1일, 도쿄를 중심으로 하는 '간토' 지역에 엄청나게 큰 규모의 대지진이 덮쳤고, 그 틈에 한인 동포들에 대한 학살극이 벌어졌으며, 박열과 가네코 후미코의 구금과 법정투쟁, 거기에 다시 1924년 1월 김지섭의 니주바시二重橋 투탄 의거가 연거푸 터졌다. 그런 시기에 도쿄에 유학 간 육사가 학업에만 몰두할 수는 없었을 것이며, 흑우회 활동은 자연스러웠을 것으로 짐작된다.

1925~1926년

—중국을 드나들며 민족의식을 키우다

1925년 대구 조양학원을 중심으로 활동.
이정기, 조재만 등과 어울리며 베이징에 다녀오다.
1925년 8월경 베이징대학 사회학과 입학.
또는 1926년 7월 중궈대학 상과 입학.

"그 독후감을 얘기햇더니 그는 조화라고 나를 붓들고
자기의 의견을 말한 뒤 故鄕의 가을바람이 한층 落寞한 紫禁城을 끼고 돌면서
古書와 骨品에 대한 얘기와 역대 중국의 碑銘에 대한
지식을 가라처 준 것이 인연이 되어 나는
그의 연구실을 자주 드나들게 되었나이다."

—〈계절의 오행〉에 나온 베이징 유학 관련 내용 중에서

대구 조양회관에서 문화 활동을 벌이다

만 21세가 되던 1925년에 육사는 일본에서 돌아왔다. 대구에 도착해 보니, 신문화운동을 벌일 수 있는 공간이 마련되어 있었다. 대구 시내 중심에서 서쪽으로 걸어서 15분 남짓한 거리에 있는 달성공원 바로 앞에 조양회관朝陽會館이 세워졌던 것이다. 그곳은 대구부성의 서문 바깥이고, 시내에서도 멀지 않으면서 달성공원이라는 관광지가 있기 때문에 많은 사람들이 몰려드는 곳이었다. 그 입구에 조양회관이 들어선 것이다.

조양회관은 1922년 4월에 동암東庵 서상일徐相日이 앞장서서 착공한 지 7개월 만에 준공되었다. 육사가 아직 영천에서 백학학원을 다니고 있던 때였다. 대구의 부농 서봉기徐鳳基의 아들인 서상일은 대동청년단大東靑年團을 조직해 활동하다가, 1920년대에

(위) 조양회관 본관.
1920년대 이후 대구 사회문화운동의 중심지였다.
현재는 대구 망우공원으로 자리를 옮겼다
※출처: 문화재청.

(아래) 조양회관
원위치 지도.

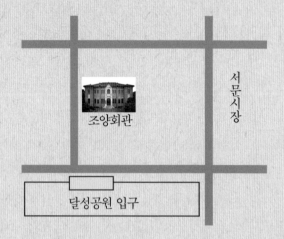

조양회관

서문시장

달성공원 입구

들면서 대구구락부를 만들었다. 이 단체가 바로 조양회관을 건립하는 주체가 되었다. 건축을 위한 자금을 모금하다가 제대로 되지 않자, 서상일은 자신의 부동산과 대구 제일의 미곡상회인 태궁상회太弓商會를 팔아 건물을 완공하였다. 육사가 일본 유학 생활을 그만두고 돌아온 무렵이 바로 조양회관 완공 직후다.

육사의 발길을 끌어당긴 그 건물에는 그와 함께 호흡을 맞출 수 있는 인물들이 모여들었을 것이다. 이 회관에 1,000명을 수용할 수 있는 대강당이 있었으니, 새로운 개념의 문화 집회가 가능했다. 도서실·오락실·편집국·사진관 같은 시설과 조직도 갖추어져 있었다. 그러니 당시의 문화운동 단체들이 몰려드는 것은 당연한 일이었으리라. 대구구락부·《동아일보》지국·청년회·대구운동협회·대구여자청년회·농촌사 등이 이곳에다 사무실을 마련하고 둥지를 단단히 튼 것이다. 당시에 육사와 함께 활동했던 언론인 김진화金鎭和는 "1925년부터 10년 동안 이 건물 2층에서 영화를 상영했다"고 전했다.[53] 더구나 1927년에는 신간회 대구지부도 여기에 자리 잡았으니, 이 건물은 당시 대구 문화운동만이 아니라 사회운동의 거점 역할을 했던 셈이다.

조양회관의 설립 목적은 청년들을 교육하고 민족사상을 고취하는 데 있었다. 때문에 1941년 12월, 일본은 태평양전쟁을 도발하자마자, 조양회관을 폐쇄시켜 버렸다. 물론 그 안에 있던《동아일보》대구지국도《동아일보》의 폐간과 함께 사라졌다. 뒷날 광복을 맞을 때, 일본 왕의 항복 방송을 가장 먼저 듣고 거리로 뛰쳐나와

만세를 부른 이들도 이곳 조양회관에 모여 있던 청년들이었다.[54]

육사가 이곳을 중심으로 머문 시기는 대개 1925년 중반부터 그 이듬해 초반까지로 짐작된다. 이후에도 중국에서 돌아오거나 감옥에서 풀려난 뒤에 자주 들른 곳이기도 했으리라. 그런데 그가 집중적으로 이곳에서 문화 활동을 벌인 시기가 일본 유학에서 돌아온 그해와 그 이듬해였다는 말이다. 일본에서 귀국하자마자 여기에 뛰어든 그는 대구 지역에서 뜻을 가진 청년들과 문화 활동을 펼치면서 장래를 계산하였을 것이다. 이 시기에 그의 활동이 구체적으로 어떤 것이었는지 알 수 없지만, 대구의 지도적 인물들이 모인 대구구락부나 여러 청년회 구성원들을 만나면서 그가 청년운동을 비롯한 문화 활동에 깊숙하게 관계했으리라는 것은 쉽게 짐작할 만하다.

베이징 나들이

육사가 처음으로 중국 나들이 길에 오른 때는 1925년 말이거나 1926년 중반이다. 일본 경찰 기록에는 1925년과 1926년 두 가지로 적혔는데, 처음 나들이 길에 나선 때가 1925년이고, 대학에 진학한 때가 이듬해인 1926년이 아닌가 짐작된다.

대학 진학 이야기는 잠시 뒤로 미루고, 먼저 그가 베이징으로 발길을 돌린 계기부터 생각해 본다. 그가 민족문제에 눈을 뜬 배경에는 그의 집안 분위기가 깔려 있고, 심각하게 이 문제에 접하게 되는 계기는 앞에서도 언뜻 살폈듯이 일본 유학 시절 아나키스트들과의 만남을 통해 이루어졌다고 생각된다. 그러한 바탕 위에 문화 활동을 전개하던 그가 민족문제에 좀 더 적극적인 자세를 갖고 활동을 시작하게 된 계기는 이정기와 베이징을 다녀온 사실일 것 같다. 그렇게 추정할 수 있는 근거는 1927년 대구에서 터져 나온 장진홍의 거사와 이에 따른 검거 선풍에서 드러난다. 그해 10월 18일, 장진홍 의사가 폭탄을 만들어 식민통치 수탈기관에 배달하였는데, 조선은행 대구지점에서 대규모 폭발이 일어났던 것이다.

여기에 얽혀 대구에 있던 청년들이 대거 붙잡혔다. 마침 이 무렵 국내로 돌아온 지 얼마 되지 않았던 육사도 용의자로 지목되어 검거되었다. 그 당시에 작성된 〈예심결정서〉에, 육사가 1925년 9월에 베이징을 다녀온 이정기를 중심으로 비밀결사에 참가했고, 다음 해 즉 1926년 봄에 이정기와 함께 베이징을 다녀왔다고 기록되어 있다. 물론 이 기록이 일제 경찰의 강요에 따라 작성되었을 수도 있지만, 그가 베이징을

육사와 함께 베이징 나들이에 나선
성주 출신 이정기.

다녀온 사실이나 대체적인 그의 활동 반경을 파악하는 데에는 문제가 없는 자료이다.

여기에 등장하는 이정기는 누구인가? 그는 대구 서쪽에 붙어 있는 경상북도 성주군 출신이다. 초전면 월항동에서 태어난 그는 〈파리장서〉에 최연소 서명자로 기록된 인물로 줄여 말할 수 있다. 우선 〈파리장서〉부터 간단히 정리하고 넘어가자.

1914년에 일어난 제1차 세계대전은 1918년 11월 독일이 항복함으로써 끝이 났다. 승전국과 패전국 사이에 전쟁을 결산하는 회의가 프랑스 파리에서 열렸는데, 이 자리에서는 식민지 처분 문제도 논의될 예정이었다. 마침 미국 대통령 윌슨의 전후 처리 원칙 발표에는 민족자결주의, 즉 식민지 처리에 있어 해당 민족의 의사를 중히 여긴다는 원칙이 천명되었으므로, 한반도 문제도 논의될 수 있으리라는 기대감을 가지게 된 것이다. 이러한 정세를 먼저 확인한 상하이 지역 독립운동가들이 한걸음 앞서 대표를 파견하고 국내에도 소식을 알렸다. "조선은 일본의 통치에 만족하고 발전하고 있으니 파리강화회의에서 논의될 필요가 없다"고 일본이 주장하고 있던 터라, 우리 민족이 일본의 통치를 거부하고 독립을 원한다는 확실한 증거를 보여 주어야 했다. 이런 주문이 국내로 전해지고, 또 2월 8일에 일본 도쿄에서 유학생들이 독립을 선언한 것이 국내로 알려져 역시 충격을 주었다.

3·1운동은 그래서 일어났다. 그런데 시위가 준비되고 선언서가 발표되는 마당에 유림들의 존재는 찾을 길이 없었다. 뒤늦게

영남 지역과 호서 지역의 유림들이 파리강화회의에 〈독립청원서〉를 보냈다. 길게 작성하여 파리에 보낸 〈독립청원서〉를 〈파리장서巴里長書〉라 부르는 것이다. 따라서 이 〈파리장서〉도 유림들의 집단적인 3·1운동이라 이해할 필요가 있다. 서울에서 중동학교를 다니던 이정기는 3·1운동이 일어나자 고향으로 돌아왔고, 마침 김창숙金昌淑에 의해 주도되고 있던 서명에 동참했다. 137명 서명자 가운데 최연소이면서, 할아버지 이덕후李德厚와 함께 서명하여 할아버지와 손자가 나란히 서명한 기록을 남겼다.

〈대구조선은행폭탄사건예심결정서〉(이하 〈예심결정서〉)에 의하면, 이정기는 베이징으로 가서 남형우南亨祐와 배병현裵炳鉉(본명 배천택裵天澤) 및 김창숙을 만났다고 한다. 남형우와 김창숙은 같은 고향의 어른들이고, 배병현도 대구 출신이니 당연한 만남이었을 것이다. 남형우와 배병현은 상하이에서 열린 국민대표회의(1923. 1~5)에 참가했다가 베이징에 머물고 있었다. 남형우는 국민대표회의 상해기성회에 참가하여 활약했으나,[55] 어떤 이유에서인지 몰라도 본회의 정식 대표 명단에는 빠져 있고, 배병현은 서로군정서 대표로 참석하여 군사분과

대한민국임시의정원
부의장을 지낸 김창숙.

위원으로 활약했던 인물이다.[56] 또 이들은 1922년 5월에 다물단多勿團을 조직하였는데, 1924년과 다음 해에 걸쳐 베이징에서 국내로 서동일徐東日을 파견했고, 경북 지방 일대에서 자금을 모집하도록 했다.[57] 그리고 배병현은 1926년 말에 민족유일당운동에 참여하여 대독립당북경촉성회 집행위원을 맡는다.[58]

한편 김창숙은 독립군 기지를 건설하려는 계획을 세우고 있었다. 그는 1925년 초에 베이징에 유학하고 있던 학생들과 협의하여 새로운 투쟁 방향으로 독립군 기지를 건설하기로 작정하고, 토지 구입에 필요한 자금 모집에 나섰던 것이다. 이것은 당시 안창호가 이상촌을 건설하려 했던 것이나, 한국노병회韓國勞兵會가 독립전쟁 준비에 목표를 두고 활동했던 것과도 양상을 같이하는 일이었다. 김창숙은 유학생을 활동 요원으로 삼아 국내로 파견하고, 그 자신도 1925년 7월에 국내로 몰래 들어와 8개월 동안 대구를 중심으로 전국을 누비며 자금 모집에 나섰다. 대표급 인물이 직접 국내로 침투하여 활동하였지만, 모금액은 목표에 크게 모자랐다. 그러자 이를 갖고 중국으로 돌아간 김창숙은 그 돈으로 무기를 사서 나석주羅錫疇에게 건네 국내에서 의열투쟁을 전개하도록 하였다. 1926년 12월 28일 나석주가 서울 동양척식주식회사와 조선식산은행에 폭탄을 던지고 경찰과 시가전을 벌이다가 장렬하게 자결하는 거사는 바로 여기에서 비롯된 것이다.

육사는 이 지도자들과 만나면서 독립운동에 본격적으로 참여하게 된 것으로 짐작된다. 그렇지만 뚜렷하게 어떠한 행동을 하였는지는 파악되지 않는다. 다음과 같은 또 하나의 이야기가 전해지기도 한다. 즉 육사와 이정기 및 조재만이 어울려 돌아가는 이야기로서, 중국에 한인군관학교를 설립하기 위해 자금 모집에 나섰다는 내용이다. 이정기의 외숙인 이완李俒이 중국 윈난성의 대세력가 리원치李文治의 사위요 중국군 장군이었는데, 베이징에서 이완이 육사를 비롯한 청년들을 만나 동참을 요구했고, 또 이들이 여기에 참여했다는 이야기다. 이것은 조재만의 회상을 그 아들이 들려준 것인데, 근거도 없지 않으나 문제점도 많다. 이완의 계획이 한인들의 군관학교를 세우는 것이었는데, 당시 이미 상당히 많은 자금을 모았지만 한인의 군관학교를 설립하기 위해서는 먼저 한인들의 자금 모집이 필요하다는 논리 아래 육사와 조재만이 국내에 자금 모집을 위해 다시 파견되었다는 줄거리이다. 그런데 이 무렵 이완과 김창숙은 원수 사이가 되어 있었다. 김창숙의 〈회상기〉에 따르면, 쑨원이 이끄는 광둥정부에서 요인들이 한국독립후원회를 조직하고 자금을 거두어 김창숙에게 주기로 했으나, 그 회계를 맡았던 리원치가 그의 사위 이완과 함께 사라져 버렸고, 나중에 이를 추적하자 오히려 김창숙을 해치기 위해 요원을 파견하기도 했다고 한다.[59] 그러니 이완이 아무리 이정기의 외숙이라 하더라도 육사로서는 더 이상 가까이하기 어려웠을 것이다.

베이징에서 '중국대학 상과'에 다니다

육사가 베이징으로 유학했다는 기록도 참으로 복잡하다. 장진홍 의거에 묶여 강제적으로 얽매인 사건의 〈예심종결서〉에는 그가 1926년 봄에 베이징을 다녀왔다고 전한다. 그런데 1934년에 붙들려 작성된 〈신문조서〉에는 1925년 8월 무렵 중국으로 가서 "베이징의 중국대학 사회학과에 입학하여 2년에 중퇴했고"라고 했으니, 1927년 가을에 귀국할 때까지 중국에 머물렀다는 말이 된다. 그런데 여기에서 두 가지 의문이 생긴다. 하나는 정말 그가 베이징에 있던 '중국대학 사회학과'를 다녔는가 하는 문제이다. 1956년에 나온 박훈산의 글에도 '북경대학 사회과'를 나왔다고 적혀 있다.[60] 1968년에 안동 낙동강 변에 세워진 〈광야〉 시비 뒷면에도 그가 '북경대학 사회학과'를 다녔다고 되어있다. 이를 쓴 인물이 다름 아닌 조지훈이다. 더구나 육사의 아내 안일양이 제막식에 참석했을 정도이니 '북경대학 사회학과'라는 것이 가장 일반적인 이야기로 전해진 셈이다. 또 다른 일본 경찰 기록인 〈이원록 소행조서〉에는 '중국대학 상과'에 다녔다고도 한다.[61] 그렇다면 그는 정말로 베이징에서 베이징대학이든, 중궈대학中國大學이든, 아니면 어떤 대학을 다녔을까?

필자가 1990년대에 처음 이를 추적할 때 베이징대학 학적부를 온전하게 검토하지 못했고, 중궈대학을 베이징에서 찾을 수도 없었다. 베이징대학은 1898년 문을 열었고, 1912년 오늘의 이름으로 고쳤다. 베이징대학에는 1920년대에 사회학과가 있었다.

여기에서 필자는 광저우에 있는 중산대학 재학설을 제기했다. 베이징대학에서 육사의 자취를 찾지 못하고, 베이징에서 중궈대학을 발견하지 못하던 와중에, '이활'이라는 한국 학생 이름을 광저우 중산대학 학생명부에서 확인했기 때문이다. 그래서 다시 한번 광저우를 방문하여 광둥성 당안관을 비롯하여 몇 군데 관계 기관에 들러 자료를 찾아봤지만 소득이 없었다. 잠시 추적을 미뤄둔 사이에 새로운 견해가 대두되었다. 2004년, 광저우에 있던 이활이 육사가 아닐 가능성이 있다면서 재검토가 필요하다는 견해가 제기된 것이다.[62] 더구나 2006년에는 베이징에 중궈대학이 실제로 존재했다는 보도기사가 나와 새로운 가능성을 말해 주었다. 이 기사는 민족문학연구소가 베이징에서 '근대문학과 북경' 세미나를 주최하고 현지답사를 벌이면서, 베이징 톈안먼광장 서쪽에 있는 '제29중학교'가 옛 중궈대학임을 확인하고, 이 학교가 1949년에 폐교되었으며, 1925~26년 사이 육사가 이 대학에 다녔을 것으로 추정한다고 보도했다.[63]

그렇다면 육사가 유학한 학교에 대한 추적은 원점에서 새로 시작해야 했다. 기회를 잡지 못하던 차에 인터넷 자료 검색으로 중궈대학의 역사를 확인하기에 이르렀다.[64] 그토록 찾았지만 확인하기 힘들던 이유가 바로 1949년에 문을 닫았기 때문이라는 사실도 알게 되었다. 이를 추적하겠다고 마음만 먹고 있는데, 한국문학과 중국문학 전공자들의 연구가 잇달아 나오면서 새로운 정리

자료 시기	내용	출전
〈이활 신문조서〉 1934. 6. 17	동년(1925-필자 주) 8월경 중국으로 渡航, 北京中國大學 사회학과에 입학하지만 2년 만에 중도 퇴학, 昭和 4년(1929) 5월부터 대구 中外日報 기자가 되어 약 1년간 근무하고… 취직을 목적으로 昭和 7년(1932) 중국… 그 뒤 北京 東城二條胡同의 중국대학 재학 중의 친구 중국인 趙世綱에 의탁하여 그곳에서 약 3주간을 체재했다.	국사편찬위원회, 《한민족독립운동사자료집》 30, 1997, 398쪽.
〈이원록李源祿 소행조서〉 1934. 7. 20	大正 15년(1926-필자 주) 7월에 중국으로 건너가, 北京中國大學商科에 입학하여 재학하기를 7개월…	위의 책, 423쪽.
의열단군관학교 관계자씨명표 義烈團軍官學校關係 者氏名表 1934. 12	大正 15년에 北平中國大學에 들어가 昭和 2년(1927)에 중도 퇴학 歸鮮하였으며…	朝鮮總督府警務局, 〈軍官學校事件의眞相〉, 한홍구·이재화 편, 《한국민족운동사자료총서》 3, 1988, 125쪽.
〈계절季節의 오행五行〉 (이육사 수필) 1938. 12. 24~28	누구나 二十이란 시절엔… 그때 나를 담당한 Y교수는 동경에서 문학을 공부한 사람으로 그의 작품에 '贗作'이란 것이 잇엇습니다. 그 내용이란건 글씨의 贗品을 능굴이가튼 상인들이 시골놈팡이 졸부를 붓드러 노코 능청 맞게 팔아 먹은 것인데, 그 독후감을 얘기햇더니 그는 조화라고 나를 붓들고 자기의 의견을 말한 뒤 古都의 가을바람이 한층 落寞한 紫金城을 끼고 돌면서 古書와 骨品에 대한 얘기와 역대 중국의 碑銘에 대한 지식을 가라처 준 것이 인연이 되어 나는 그의 연구실을 자주 드나들게 되었나이다. …나와 한 班에 있는 B에게 물어보았드니…	심원섭, 《원본 이육사 전집》, 215~216쪽.

가 이루어졌다. 원전에 주해를 붙여 이육사의 시전집을 발간한 것,[65] 또 육사와 중궈대학의 관련성을 정밀하게 추적한 연구가 그 것이다.[66]

우선 지금까지 발견되고 논의된 자료를 훑어보자. 1932년 의열단이 난징에 문을 연 조선혁명군사정치간부학교에 육사가 제1기생으로 입교하여 훈련을 마친 뒤 국내로 침투했다가 1934년에 붙들려 작성된 〈신문조서〉, 고향 안동 도산면의 경찰이 작성한 정보 문건, 그리고 육사가 뒷날 발표한 수필 중 베이징에 유학하던 시절을 회상한 글이 주된 자료가 된다.

이들 자료에 나타나는 사실을 시기순으로 정리하면 이렇다.

1925년 8월경; 베이징으로 가서 중궈대학 사회학과 입학

(2년 만에 중도 퇴학)

1926년 7월; 베이징 중궈대학 상과 입학(7개월)

이 어긋나는 사실은 두 가지로 해석되었다. 하나는 1925년 중궈대학 사회학과, 1926년 중궈대학 상과 입학이라고 분리하는 것이고,[67] 다른 하나는 1925년 베이징으로 갔다가 일시 귀국하고, 다시 1926년에 가서 중궈대학 상과에 입학한 것으로 연속시키는 해석이다.[68] 전자는 시기와 대학, 그리고 학과의 차이를 생각하여 분리한 것이고, 후자는 중궈대학 상과 유학으로 단일화한 것이다. 문맥으로 보아 후자의 견해가 설득력이 있어 보이지만, 아직

은 확실하지 않다. 육사가 순국한 지 얼마 지나지 않은 해방 직후부터 그를 아는 이들은 대부분 베이징대학 사회학과를 입에 담았으니,[69] 이것이 그저 단순한 착오라고 돌리기에는 미련이 많이 남는다. 그러니 두 가지 해석 모두 아직은 가능성이 열려 있다.

이제 중궈대학을 살펴보자.[70] 그 기원은 1913년 쑨원이 일본의 와세다대학을 본떠 설립한 궈민대학國民大學이다. 이것이 1917년 중궈대학으로 이름을 바꾸었다. 1930년대에 잠시 베이핑중궈학원北平中國學院이라고 바뀌기도 했지만, 일본군 강점 시기에도 인재를 길러 내는 중심 역할을 맡았던 모양이다. 그러다가 1949년 중화인민공화국이 들어서면서 이 학교가 문을 닫고, 각 전공들은 흩어졌다. 그러고서 기억 속에서 사라졌다. 이 학교는 본래 톈안먼광장 서쪽, 베이징시 시단西單 쳰먼前門 시다졔西大街 13호에 있었다. 그러다가 1925년 6월 좁은 곳을 벗어나 베이징 얼룽루二龙路 커우다이후퉁口袋胡同, 지금의 피쿠후퉁皮褲胡同 정왕푸鄭王府로 옮겼다. 지금은 그곳에 교육부가 자리 잡고 있다.[71] 육사가 이 대학에 다닌 것이라면 바로 정왕푸 교사 시절이 된다.

한편 육사가 다닌 상과는 대학부의 본과에 속한 상과로 추정된다. 육사가 수필 〈계절의 오행〉에서 어느 '반班'에 속했다고 말한 것이 바로 이를 뜻하는 것이라 짐작한다. 그가 예과가 아닌 본과를 다녔으리라는 짐작은 이미 일본에서 예과과정을 다닌 사실을 감안한 것에서 나왔다. 또 중궈대학에는 선과생選科生과 방청생旁聽生 제도가 있었다. 1926년 10월 16일 공포된 〈선과방청생규칙選

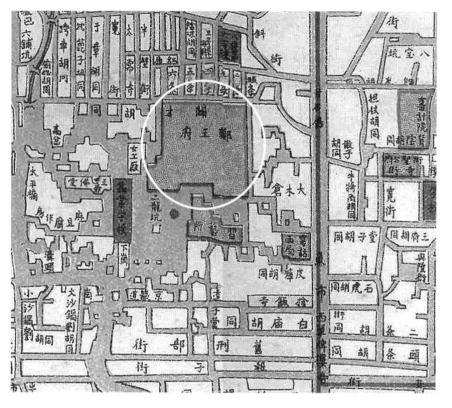

중귀대학 자리(정왕푸) 옛 지도.
현재 교육부가 들어서 있다.

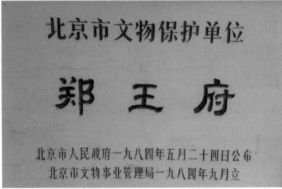

北京市文物保护单位

郑 王 府

北京市人民政府一九八四年五月二十四日公布
北京市文物事业管理局一九八四年九月立

⒀ 중궈대학이 있던   ⒜ 정왕푸 표지.
정왕푸 입구.

科旁聽生規則〉이 그것이다.[72] 선과생은 선발 시험을 치른 경우이고, 방청생은 그렇지 않은 경우로 추정된다. 그렇다면 그가 속한 경우도 두 가지 가운데 하나였을 것이다.

베이징 유학 문제는 이렇게 정리된다. 그렇다고 과제가 없는 것은 아니다. 우선 그의 학적 기록을 찾는 것이 그렇고, 또 하나는 '베이징대학 사회학과'를 해결하는 일이다. 상과라는 것을 크게 사회학의 범주로 해석하거나, 이야기가 전해지는 과정에서 오류가 생긴 탓으로 돌리기는 성급한 것 같다. 때문에 '베이징대학 사회학과'라고 전해지던 이야기를 내던져 버리기에는 아직 미련이 남는다.

1927~1930년
―감옥을 드나들면서도 꺾이지 않다

1927년 장진홍 의거에 연루되어 구속.
1929년 증거불충분으로 면소.
1930년 첫 시 〈말〉, 《조선일보》에 발표.
아들 동윤 출생, 1월 대구청년동맹 간부로 구속되었다가 풀려남.
2월 《중외일보》 대구지국 기자로 임용.

수긋한 목통
축처-진 소리
서리에 번적이는 네굽
오! 구름을 헷치려는 말
새해에 소리칠 헌말이여!
— 〈말〉 중에서

장진홍 의거에 따른 수감 생활 1년 7개월

1927년 여름 육사는 귀국했다. 조재만과 동행한 그가 돌아와 활동 방향을 가늠하고 있을 때, 대구를 뒤흔든 사건이 발생하였다. 1927년 10월 18일에 터진 '장진홍 의거'였다. 그날 11시 50분에 조선은행 대구지점(대구 중앙로)에 신문지에 쌓인 폭탄이 배달되었다. 무심히 이를 확인하던 직원이 놀라서 이를 길거리에 내놓았을 때, 폭탄이 작렬하였다. 이 폭발로 일본 경찰과 은행원 5명이 중상을 당했고, 엄청난 폭음과 함께 은행의 유리창이 70장 넘게 깨졌다. 장진홍은 변장을 하고서 대구를 벗어났고, 제2차 계획을 구상하다가 다음 해 2월에 일본 오사카에 살고 있던 동생집으로 가서 자취를 감추었다.

이 의거가 터진 뒤, 일제 경찰은 장진홍이라는 인물에 대해서는 전혀 상상도 하지 못하고 헤매기만 했다. 도내 경찰 1,600명을 투입하고도 단서조차 잡지 못하자, 일경은 다급해져 당시 대구를 중심으로 활동하던 인물들을 마구 잡아들였다. 그리고 갖은 악랄한 고문 방법을 동원하여 이들을 진범처럼 만들어 법정에 세웠다. 이에 따라 여러 청년 지사들이 줄줄이 엮이어 들어갔다. 특히 육사 형제들도 모조리 잡혀 들어갔다. 폭탄 상자 겉면에 적힌 글씨가 육사의 동생 이원일의 필체와 비슷하다는 이유를 내걸고 경찰이 체포에 나서는 바람에,[73] 육사를 비롯하여 그의 형 원기, 동생 원일과 원조 등 4형제가 붙잡혔다. 또 육사와 같이 활동하던

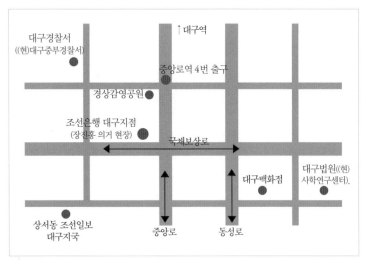

조선은행 대구지점, 대구경찰서, 법원 지도.

(위)
조선은행
대구지점.

(아래) 조선은행 대구지점 자리(현재
하나스테이 포정) 앞에 세워진 정진홍
의사 동상(중앙로역 4번 출구).

이정기나 조재만도 함께 검거되었다. 모진 고문으로 조작해 낸 경찰과 검찰의 시나리오는 이들 청년들을 모두 징역형으로 몰아갔다. 그 결과 원기만 한 달 남짓 만에 석방되고 나머지 육사 형제들은 미결수 상태로 곤욕의 세월을 보냈다. 한 달, 두 달이 아닌, 1년을 훨씬 넘긴 것이다.

그러다가 엉뚱한 곳에서 거사의 주인공이 붙잡혔다. 거사가 터진 뒤 1년 4개월이 지난 1929년 2월 14일에 장진홍이 일본 오사카에서 일경에 붙들린 것이다. 장진홍에 대한 조사가 진전됨에 따라 육사나 그의 형제들이 사건에 직접적인 관련을 갖지 않는다는 사실이 드러나기 시작했다. 그러나 육사는 바로 석방되지 못했다. 장진홍이 붙들린 지 석 달이나 더 지난 1929년 5월에야 육사와 형제들은 감옥에서 나올 수 있었다.[74] 그렇다고 사건이 완전하게 마무리된 것은 아니었다. 이보다 반년이 더 지난 12월 9일자로 대구지방법원에 의해 면소 판결을 받았기 때문이다.[75]

그가 석방된 이유가 참으로 걸작이다. '(검찰이) 공판에 회부한 범죄의 혐의가 없다'는 것인데, 그렇다면 1년 7개월 동안의 고문과 옥고는 도대체 무엇이었다는 말인가?

애당초 육사를 비롯한 인물들은 장진홍 의거에 직접 관련하지도 않았던 것 같다. 육사 형제들이 장진홍 의거에 참여한 것처럼 전해지지만, 사실상 근거가 없어 보인다. 사건을 제대로 파악하지도 못한 일본 경찰이 거사에 가담했을 가능성이 있다고 추정되는 인물들을 모조리 잡아들인 것이다. 그러고서는 끼워 맞추기

장진홍의 의거 기사.
《조선일보》1929년 12월 28일 자.

수사를 벌이면서 갖은 만행을 저질렀다. 당시 중국에서 돌아온 지 얼마 되지 않은 육사도 그 바람에 유력 용의자로 분류되었는데, 달리 표현하자면 식민지 시기에 민족 지성들이 겪은 전형적인 일이기도 했다.

사정이 어떻게 돌아가는지도 모른 채, 육사를 비롯한 청년 지사들이 혹독한 고문으로 만들어 붙여진 죄목에다가 억지로 꾸며진 시나리오로 너무나 오랜 세월을 감옥에서 보내야만 했다. 그것도 장진홍이 붙잡힌 뒤 3개월이 지나서야 비로소 풀려났으니, 이 모든 것이 바로 나라 잃은 민족이 겪어야 할 아픔이요 고통이었다.

장진홍 의사 사형 판결 기사가 실린 《동아일보》 1930년 2월 18일 자.

장진흥 의사가
재판을 받던 대구법원

대구형무소.

옛 대구형무소 자리에는
순국의 터 표지가 설치되어 있다.

한편 장진홍은 1930년 4월 24일 1심과 7월 21일 2심에서 각각 사형을 선고받았다. 그는 일제에 의해 욕된 죽음을 당하기보다 차라리 자결을 선택했다. 1930년 7월 31일, 대구 감옥에서 장진홍은 스스로 목숨을 끊었다. 나라 위해 목숨을 던진 그의 기개가 돋보이는 장면이 아닐 수 없다. 석방된 뒤 대구에서 기자로 활동하고 있던 육사가 장진홍의 순국 사실을 들었을 때 만감이 교차했을 것이다. 그가 근무하던 신문사 지국에서 대구 감옥까지 걸어서 10여 분 거리밖에 되지 않았으니 더욱 그러했을 것이다.

장진홍은 1895년 경상북도 칠곡군 인동면 문림리(현 구미시 옥계동)에서 태어났다. 1914년에 조선보병대에 입대했다가 1916년에 제대한 뒤 광복회에 가입했다고 전해진다.[76] 1918년 광복회원 이내성李乃成의 소개장을 들고 중국 펑톈奉天으로 가서 김정묵金正黙·이국필李國弼과 만나고, 이국필과 함께 하바로프스크로 가서, 한인 78명을 몇 달 동안 군사훈련 시킨 뒤 일단 귀국하였다. 1919년 7월에는 인천항에 입항한 미국 군함 승무원 김상철金相喆에게 3·1운동에 대한 조사 결과를 기록한 수첩을 건네주면서 미국에 가서 널리 알릴 것을 주문하였다. 1926년 12월부터 공산주의자가 된 이내성과 다시 어울리면서 공산주의 사조에 접근하였고, 그와 더불어 거사를 준비해 나갔다.[77] 14년간을 민족문제를 해결하기 위해 살다 35세라는 한창 나이로 순국한 것이다.

대구에서 기자 생활

1929년 5월, 육사는 1년 7개월 동안의 옥고를 치르고 나왔다. 그리고 반년 뒤인 1930년 2월 《중외일보中外日報》 대구지국의 기자가 되었다.[78] 당시 육사가 기자로서 활약한 신문이 《조선중앙일보》라고 전해지는 경우도 있지만, 이때는 《중외일보》 시기였다. 《시대일보》(1924. 3~1926. 8)로 시작된 이 신문이 《중외일보》(1926. 11 ~1931. 9. 2), 《중앙일보》(1931.11. 27~1933. 3. 6), 《조선중앙일보》 (1933. 3. 7~1937. 11. 5) 등으로 바뀌었으므로, 육사가 활동하던 1930년을 전후한 무렵은 바로 《중외일보》였다. 실제로 그가 대구

《중외일보》
기자 임용 사고(1930. 2. 18).
《중외일보》 대구지국
기자로 임용된 사실을
보여 준다.

지국 기자로 임용된 사실은 《중외일보》 1930년 2월 18일 자 사고社告로 실렸다.[79] 《조선일보》에 그의 첫 시詩인 〈말〉이 1930년 1월 3일 자에 게재되는 바람에 그를 《조선일보》 대구지국의 기자로 판단한 경우가 많았지만 《중외일보》에 실린 사고는 명확하게 그렇지 않음을 보여 준다. 그가 《조선일보》로 자리를 옮긴 시기는 1931년 8월이었다.[80]

억울한 감옥살이를 끝내고 대구 거리에 나선 그의 감회를 정확하게 표현하기는 어렵다. 하지만 출옥한 지 반년이 지나 발표한 그의 첫 시작품 〈말〉을 음미하노라면, 그의 뜻과 숨결을 읽을 수 있을 것 같다.[81]

말

훗트러진 갈기
후주근한 눈
밤송이 가튼 털
오! 지친 말이여!
채죽에 지친 말이여!

수긋한 목통
축처-진 소리
서리에 번적이는 네굽

오! 구름을 헷치려는 말

새해에 소리칠 힌말이여!

〈말〉에는 그의 두 가지 모습이 담겨 있다. 앞에서는 오랜 기간
감옥에서 고생하다 나온 그의 모습이 '헛트러진 갈기'라든가, '후
주군한 눈' 또는 '지친 말'로 그려져 있다. 그리고 뒤에 가서는 새
로운 활동을 꿈꾸며 강렬한 의지를 불태우는 모습을 그리고 있는
데, '서리에 번적이는 네굽', '구름을 헷치려는 말' 혹은 '새해에
소리칠 힌말' 등의 표현이 바로 그것이다. 새해인 1930년은 경오
년庚午年이니, 곧 '백말띠'의 해였다. 그래서 신년을 맞으면서 움
츠러들었던 지난해의 자신을 정리하면서, 아울러 새해에는 백마

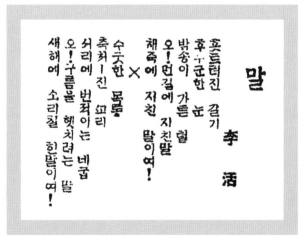

〈말〉이 게재된 《조선일보》 1930년 1월 3일 자 신문.

白馬의 기상을 갖고 새로운 활동을 펼치겠다는 강한 의지를 표현한 것이다.

육사가 각오를 다지며 〈말〉을 발표하자마자, 그의 기를 꺾는 일이 일어났다. 1월 10일 그가 다시 일제 경찰에 체포된 것이다. 1929년 11월 3일 광주에서 학생항일투쟁이 일어나 온 나라로 퍼져 가자, 이에 신간회와 청년동맹이 진상을 조사하면서 대응책을 찾고 있었다. 신간회 대구지회와 대구청년동맹도 마찬가지였다. 따라서 일제 경찰은 항일투쟁이 확산될까 경계하여 미리미리 활동 가능성이 있는 인물들을 붙잡아 움직이지 못하도록 얽어매었다. 그 바람에 육사도 〈말〉을 발표하고 1주일 뒤인 1930년 1월 10일, 신간회 대구지회 간부, 또는 대구청년동맹 간부라는 이름으로 끌려가서 19일에야 풀려났다.[82] 투쟁 에너지를 미리 막고 약화시키려고 나선 일제의 정책 때문에 육사도 끌려가서 고생했던 것이다. 바로 직후에도 그가 신간회 대구지회에 참가한 자취가 나타나기도 했다.[83]

1930년 10월에 육사는 이활李活·대구 이육사大邱二六四라는 필명으로 《별건곤別乾坤》 잡지에 〈대구사회단체개관大邱社會團體概觀〉을 발표했다.

이 글은 중외일보사 기자 신분이던 육사가 대구청년동맹·대구소년동맹·신간회 대구지회·근우회 대구지회·경북형평사 대구지사·경북청년연맹 등의 현황을 조사하고 분석한 것이다. 그는 당시 대구 지역의 사회단체가 상당히 위축되었다면서 그 이유를 외

압과 자체적인 부진, 두 가지라고 진단하고, "새로운 용자勇者여, 어서 만(많)이 나오라"라고 외쳤다. 그의 마음을 모두 담아 낼 수 없는 한계가 있지만, 대구의 청년운동이 다시금 활발하게 용솟음치기를 바라는 그의 의도를 충분히 느낄 수 있는 글이다. 이 글이 나온 직후 광주학생항일투쟁 1주년이 되면서, 그는 다시 일시적으로 구금 생활을 겪게 된다.

'대구 격문 사건'으로 2개월 구금되다

기자로 활동하던 그가 다시 체포된 시기는 1931년 1월이었다. 지금까지 나온 여러 글들은 이것을 1930년 말로 기록하고 있는데, 이는 음력으로 쓴 것이다. 육사의 형 원기가 1931년 2월 11일(음 1930년 12월 24일)에 영일군 기계면(현 포항시 북구 기계면)에 사는 집안 아저씨(내종숙, 7촌) 이영우李英雨에게 보낸 당시의 편지를 보면, 그 시기가 양력으로 1931년 1월임을 알 수 있다. 한문으로 쓰인 그 편지를 번역하면 이렇다.

> 동생 육사와 원일이 격문의 혐의를 입어 약 20일 전에 대구경찰서에 체포되었습니다. 원일은 지난밤에 온갖 병을 안고 돌아왔으니 한편으로는 기쁘나 병이 위태하여 의사로 하여금 진찰하게 했는데 병이 얕은 게 아닌 듯합니다. 또 활活도 역시 어떤

비밀이 탐지되어 당하는 고초가 심하여 지금 감방에서 누워 지 낸다고 하니 위독하기가 말하지 않아도 가히 알 수 있습니다.[84]

그러므로 육사가 붙들린 시기는 이 편지보다 20일 앞선 1931 년 1월 20일쯤이라는 것을 알 수 있다. 그런데 그가 경찰에서 대구지방법원 검사국으로 송치된 때는 두어 달 만인 3월 13일이고, 열흘 뒤인 23일에 '범죄혐의 없음'이라는 의견으로 기소되지 않고 풀려났다.[85] 따라서 그가 체포되어 고생한 기간이 지금까지 알려진 6개월 정도가 아니라 두 달 남짓이었음을 확인할 수 있다.

그가 체포된 이유는 이른바 '대구 격문 사건'에 연루되었다는 혐의였다. 이 거사는 1929년 11월에 터진 광주학생항일투쟁의 연장선상에서 이루어졌다. 전국으로 확산되던 과정에서 대구에서도 1930년 1월 중순에 동맹휴학이 시도되었고, 이어서 6월에도 동맹휴학이 또다시 단행되었다. 그러다가 10월에 대구농림학교가 동맹휴학했고, 1931년 1월에는 대구고등보통학교(경북고등학교 전신) 학생들이 동조하여 동맹휴학에 들어갔다.[86] 이러한 과정에 1930년 11월에 대구 지역에 일본을 배척하는 내용의 격문이 전봇대에 붙여지고 거리에 뿌려지는 거사가 일어났던 것이다. 또 같은 무렵인 1931년 1월 21일, 곧 레닌 탄생일로 알려진 이 날에 대구 지역에 격문이 뿌려졌다. 이에 일제는 그 배후 조종자가 육사라고 판단했다. 그는 원일과 함께 붙들려 두 달 정도 고생했다.

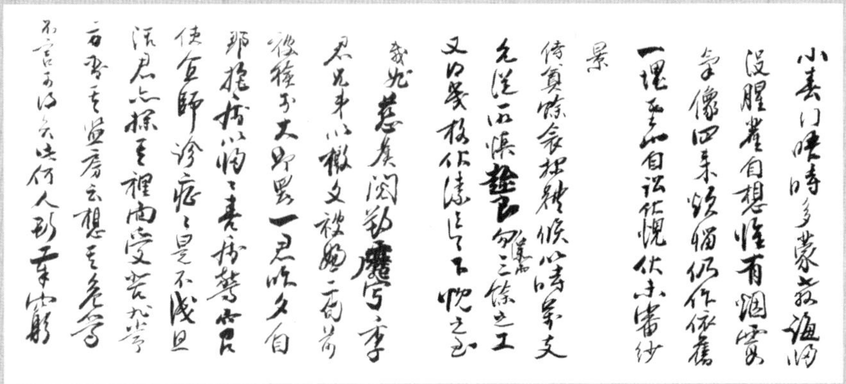

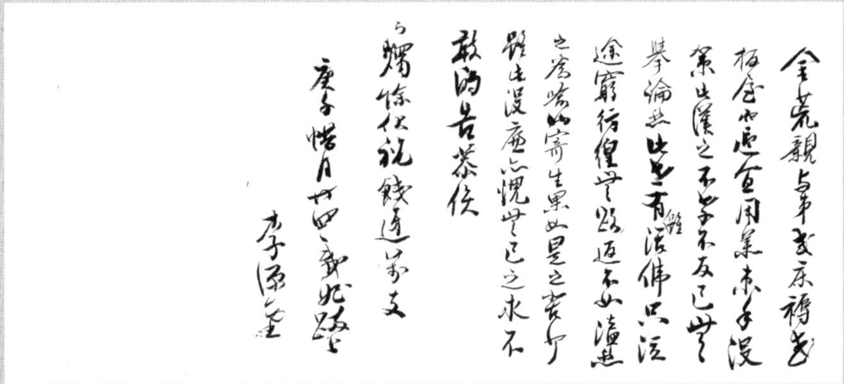

이원기가 이영우에게
육사와 원일이 대구경찰서에
구금되었다는 소식을 알리며
도움을 요청하는 편지.

大邱署活動
青年四名檢擧

중외일보지국 포위 수색

某種檄文事件關聯?

【대구지국전보】 거二十一일에 구서고등게(大邱署高等係)에서 는 돌연히 시내남성정(南城町) 으로 중외일보대구지국(中外日報大邱支局)을 포위하고 가택 수색을 하는동시에 동지국원리 활(李活) 리갑긔(李甲基) 리원일(李源一)이하 동지국 배달부 신봉길(申鳳吉)등의 四명을 검거하야 취조게속중이라한다

그 내용은 글일 (二十一일) 이 [련년]회 탄생일(誕生日) 일으로 경게중에 일시 예비 검속이라하나 수문한바에 의하면 작금에 모종의某온격문이잇슨사건에 관련인듯하다고한다

《동아일보》
1931년 1월 22일 자
대구 격문 기사.

이육사가 구금되었던 대구경찰서 옛모습.
현재 대구중부경찰서가 자리 잡고 있다.

금 21일 대구서 고등계에서는 돌연히 시내 남산정으로 중외일보 대구지국을 포위하고 가택수색을 하는 동시에 동 지국 이활李活·이갑기李甲基·이원일李源一 이하 동 지국 배달부 신봉길申鳳吉 등의 4명을 검거하여 취조 계속 중이라 한다. 그 내용은 금일(21일)이 레닌의 탄생일이므로 경계 중에 일시 예비검속이라 하나 수문한 바에 의하면 작금에 모종의 불온격문이 있은 사건에 관련인 듯하다고 한다.[87]

육사가 근거 없이 억울하게 체포된 것이 아니라, 그가 실제로 신문배달원을 시켜 격문을 거리에 붙이게 했다는 증언이 전해지기도 한다.[88] 또 육사가 대구 거리에 격문을 붙이고서 1주일 동안 대구 앞산 솔밭에 숨어 지냈다고도 전해진다. 그러다가 "대구경찰서 고등과장과 우연히 마주쳤는데, 고등과장이 '차라리 멀리 날라 버리는 게 좋지 않겠나?'라고 했다. 고등과장이 나의 인격을 알아보는 것 같더라"고 육사가 말했다고 전한다. 이 말은 이상흔이 증언한 내용인데, 그는 육사가 자주 들러 도움을 받았던 이영우의 조카이다.[89]

잦은 만주 나들이, 결국은 베이징으로

육사가 감옥에서 풀려난 때는 두 달이 지난 3월 23일이다. 그를 비롯한 11명이 불기소처분으로 나온 것이다.[90] 그는 다시 중국으로 갈 계획을 세웠다. 중국으로 향한 때는 그해 봄 혹은 6월쯤이다. "1931년 봄에 외숙 일헌—軒 허규許珪의 독립군 자금 모금 관계로 만주로 갔다가 군관학교 학생 모집을 위해 귀국했다"는 기록이나,[91] "1931년 봄에 조재만曹再萬을 비롯한 네 사람(동생 원조도 포함)을 데리고 베이징으로 가다가 무슨 일이 발각되어 동행한 사람들은 석 달 만에 돌아오고, 육사는 이때 봉천까지 가서 김두봉金科奉에게 가 있었다"[92]는 이야기는 그의 만주 나들이를 알려 주는 자료이다. 그런데 "원조와 영천 출신 김모 씨 등 3인과 함께 북경으로 가다가 만주사변이 터지자 3개월 만에 귀국했고, 그는 봉천 김두봉에게 가 지냈다"는 이야기는 만주 나들이의 최종 목적지가 베이징이라는 사실과 그 시기가 만주사변 3개월 전이라는 것을 알려 주고 있다.[93] 다만 육사가 당시 김두봉을 만났다는 사실은 착오로 보이는데, 이에 대해서는 뒤에 다시 이야기하기로 한다.

그렇다면 일단 육사의 만주 나들이는 다음과 같이 정리할 수 있겠다. 첫째, 1931년 1월에 경찰에 체포되고 3월 23일까지 대구경찰서나 대구 감옥에 갇혀 있었다. 둘째, 그곳에서 풀려나자마자 동료 세 사람, 즉 동생 원일과 조재만 및 영천 출신 김모 씨 등과 함께 펑톈으로 향했다. 셋째, 그곳에 도착한 뒤 석 달 뒤에 벌어진 일본의 만주 침공으로 육사를 제외한 세 사람은 귀국했다. 넷째, 육사는 그곳에 좀 더 머물면서 나아갈 길을 가늠하고 있었다.

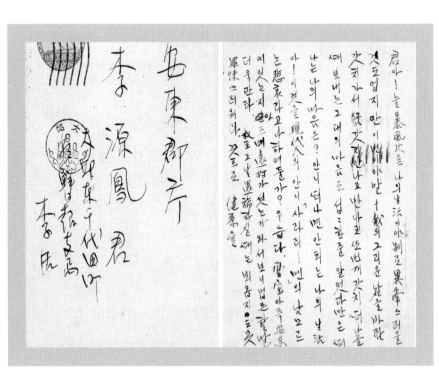

육사가 이원봉에게 쓴 엽서(1931년 11월 10일).
'조선일보 지국 이활'이란 이름으로 며칠 동안 고향 마을 원촌에 다녀왔다고 적혀 있다.
※ 출처: 이육사문학관.

그런데 여기에서 김두봉이 펑톈奉天(현재 선양瀋陽)에 있었다는
사실은 아무래도 이해하기 힘들다. 김두봉은 1929년 말에 상하이
에 머물고 있었고, 좌우합작운동체였던 한국유일독립당상해촉성
회 해체과정에 참여하고 있었다. 또 1930년 1월 25일에 상하이에
서 우파만으로 조직된 한국독립당이 창당될 때에 그도 발기인으
로 참가했다. 또 1932년 10월에 상하이에서 한국대일전선통일동
맹이 결성될 때 한국독립당 대표로서 여기에 참가했다.[94] 그러므
로 '육사가 펑톈에 머물던 김두봉에게 가 있었다는 이야기'[95]는
이해하기 힘든 것이다. 그렇지만 그가 김두봉과 어떤 연결을 추
진하고 있었거나 실제로 그런 점이 있었는지도 모르겠다. 뒤에
살펴보겠지만, 이때 육사가 만난 인물은 김두봉이 아니라 윤세주
였다. 육사와 김두봉의 이야기는 뒷날 상하이나 난징에서 이루어
진 만남이 잘못 전해진 것으로 생각된다.

육사는 만주사변 이후 얼마간 펑톈에 머물다가 귀국했다. 아마
1931년 말이 아니었을까 하는 생각이 든다. 전쟁이 터지고 3개월
쯤 지나 귀국했다니, 그렇게 추측이 되는 것이다.

《중외일보》에서 《조선일보》로

육사는 1930년 2월부터 근무하던 《중외일보》를 떠나 1931년 8월
《조선일보》로 옮겼다고 일제 경찰에 진술하였다. 《중외일보》는

1931년 9월 2일 종간호를 내고 문을 닫았다가 두 달 만인 11월 2일 《중앙일보》로 다시 시작했다. 육사는 그 변동기에 《조선일보》로 이동한 것 같다. 한 가지 의문은 8월이면 그가 펑톈에 머문 시기였는 점이다. 그렇다면 그가 펑톈에서 《중외일보》 기자 신분으로 머물다가, 그곳에서 신문사가 문 닫은 소식을 듣고 《조선일보》 대구지국 소속으로 전근했다는 말이 된다.

《조선일보》 대구지국은 상서동上西洞에 있었다. 장인환張仁煥이 1926년 이후 10년 정도 대구지국을 운영했는데, 중간에 김봉기金鳳箕가 1년쯤 맡기도 했다. 그리고 1937년에는 서승효徐承孝, 1938년에는 이상화李相和가 각각 맡았다. 이활이 장인환 지국장과 활동하던 시절의 구성원으로는 기자에 이선장李善長과 이활, 총무에 허병률許秉律 등이 있었다. 이선장은 경북 경산 진량 출신의 도시샤同志社대학을 졸업한 인물로 그의 평생 동지가 되었고, 허병률도 경산 하양 출신으로 1917년 (대한)광복회 활동에 이어 대한민국임시정부에 자금 지원 활동을 하다 7년형을 선고받고 옥고를 치른 인물이다. 지국장인 장인환은 신간회 대구지회 집행위원으로 활약했고,[96] 경북지부에서도 핵심적인 역할을 맡았다. 육사

《조선일보》 대구지국 구성원[98]

기자	이활·여규진呂圭鎭(김태련金兌鍊의 사위)·이범조李範朝·이선장·최창섭崔昌燮·이동우李東雨·엄상섭嚴尙燮
본사 특파원	변용갑卞龍甲·오재동吳在東
총무	허병률

가 구속과 피신을 거듭했지만, 그가 돌아오면 동료 기자 이선장은 언제나 지국에서 일하도록 배려했다고 한다.[97]

육사는 신문기자로서의 활동을 민족문제를 해결하는 길로 인식했던 것 같다. 당시 기자들이 언론을 통해 일제 침략 통치에 항거하고 있었기 때문이다. 물론 일제에 타협한 경우도 있었지만, 저항적인 인물이 많았다. 그래서 일제 경찰은 지방 주재 기자들을 요주의 인물로 파악하고 있었다. 지방 주재 기자들의 활동에 대한 일본 경찰의 인식은 다음과 같이 그들의 기록에 잘 나타난다.

도내에 반포되는 언문지(한국어 신문—필자 주)의 추세를 보건대 본년(1929) 5월 말에 있어서 《조선일보》·《동아일보》·《중외일보》는 반포되지 않는 곳이 없고 그 독자는 5천 2백 명을 돌파, 이들 각 신문에 관계하는 지방기자 등은 사상단체에 관계하기도 하고 또는 직접 관계를 하지 않더라도 이를 조종하기도 하고 지방 문제에 대해서 고의로 곡필적인 통신을 보내는 등 각 본사의 전통적인 불온한 필치와 호응하여 지방 민심에 미치는 폐해가 크다.[99]

이들 신문 관계자들은 도내를 통해서 129명, 그중 불량 단체에 관계가 있는 자가 67명(표면 관계가 있는 자만)으로서 그들은 지방에 있어서의 잠재 세력이 클 뿐 아니라 사사건건 지방문제를 가지고 분규를 일으키고 당국의 시정에 반항하는 곡필······[100]

이처럼 일본 경찰은 기자들에 대해 부정적인 인식을 갖고 감시하였다. 육사도 그러한 감시망에 들어 있었다. 때문에 항일독립운동이 터지면 그는 곧장 묶여 들게 되었던 것이다.

1931~1933년

─초급 군사간부가 되다

1931년 대구 격문 사건으로 구속, 잦은 만주 나들이.
1932년 《조선일보》 퇴사. 조선혁명군사정치간부학교 1기생으로 입교.
1933년 4월 20일 조선혁명군사정치간부학교 졸업.

"일국일당주의一國一黨主義에 위반하고
조선인 자신이 조선의 혁명 사업을 한다는 것은
그 사람의 혁명적 정조를 의심하지 않을 수 없다."

―〈이활 신문조서〉 중에서

윤세주尹世胄가 권한 난징행

육사는 1931년 말에 돌아와 국내에서 기자 활동을 계속하였다. 그러다가 1932년 3월 29일 자《조선일보》에 취재 기사를 게재하고서는 4월 하순에 다시 펑톈으로 출발하였다. 이때 그는 조선일보사를 그만두고 떠났다.[101] 이 나들이는 한 해 앞서 펑톈에 갔다가 머물면서 세워 놓은 계획에 따른 길이었던 것 같다. 그가 펑톈으로 가서 바로 윤세주를 만났다는 사실은 그에 앞서 이미 서로 상당한 교감이 있었다는 것을 의미한다. '이전부터 잘 아는 《중외일보》 기자였던' 인물로 윤세주를 표현한 데서 이를 확인할 수 있다.[102]

윤세주, 그는 의열단의 창립 멤버요 핵심 인물이었다. 경남 밀양 출신인 그는 호를 석정石正이라 하였는데, 밀양 3·1운동에 참여하고 망명했다가 신흥학교를 다닌 일이 있고, 1919년 11월 지린吉林에서 의열단 결성에도 참여했다. 1920년 국내에 잠입했다가 일경에 잡혀 옥고를 치르고 1927년 2월에 서대문형무소에서 출옥했다. 이후 신간회 밀양지회에서 활약하던 윤세주는 펑톈으로 가서 11년 만에 의열단에 합류하였다. 이육사가 펑톈으로 가던 그 무렵이다. 윤세주는 김원봉의 지령을 받고 펑톈과 톈진 그리고 베이징을 중심으로 활약한 것 같은데, 1931년에 의열단이 난징으로 이동하여 군사간부학교 설립에 몰두할 무렵에는 역시 그 학교 입교생 모집으로 동분서주했다.

육사가 윤세주를 만난 곳에 대해 펑톈과 톈진이라는 기록이 있다. 두 곳 모두에서 그를 만났을 것이다. 그런데 〈신문조서〉에는 "만주국이 발전할 모양이므로 《중앙일보》 지국을 설치하는 한편, 취직을 목적"으로 갔다고 했으며, "봉천 궁도정宮島町의 삼성고무공장의 나경석羅景錫에게 의지해 있었다"고 진술했다.[103] 《중외일보》가 1931년 10월에 《중앙일보》로 바뀌었으니, 《중앙일보》 지국이란 말은 이를 두고 이른 것이다. 또 그는 펑톈에서 두 사람을 만났는데, 한 사람은 김을한金乙漢으로 당시 《만몽일보滿蒙日報》 설립을 위해 활동하고 있었고, 다른 한 사람이 바로 그를 난징의 조선혁명군사정치간부학교로 인도한 윤세주였다. 윤세주에 대해 육사는 《중외일보》 기자,[104] 혹은 중외일보사 영업국 서무부장을 지낸 인물로 진술하였다.[105] 1932년 4월 그가 펑톈에서 의열단 간부인 윤세주와 만난 것은 일제 경찰의 다른 기록에도 보인다. 육

사가 "일거리를 찾아서 펑톈으로 갔고" 그곳에서 윤세주를 만났다는 것이다.[106]

윤세주와 난징으로 가는 일을 본격적으로 진행하기에 앞서, 육사가 펑톈에서 새로운 길에 나서는 다짐을 보여 주는 자료가 있다. 1932년 6월 28일 그가 펑톈 근화여관槿花旅館에서 영일군 기계면 현내동(현 포항시 기계면 현내리) 이상흔(내삼종제, 8촌 동생)에게 보낸 엽서에 그러한 정황이 암시되어 있다.[107]

천신만고를 거듭하여 전전당지輾轉當地에 와서 곧 안착을 고하

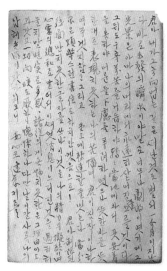

1932년 6월 28일 만주 펑톈 근화여관에서 이상흔에게 보낸 엽서. 한 달 전에 만주를 떠나올 때 극적이었다면서 날이 갈수록 광명이 가까워 온다고 적었다.
※ 출처: 이육사문학관.

여 어른들 하려下慮를 풀려 하였으나 뜻한 바를 뜻한 대로 표현치 못하는 나의 고뇌여 군이 짐작이나 하여 주겠지. 참? 그리고 당상堂上에 전달할 줄 믿는다. 당분간은 번폐煩弊스런 서신도 하지 않겠음으로…….[108]

이 엽서에는 육사의 여러 사정이 담겨 있다. 무엇보다 육사가 훌쩍 떠나 펑톈에 도착해 있다는 사실과 사연을 어른들에게 알려달라는 부탁에 이어, "뜻한 바를 뜻한 대로 표현치 못하는 나의 고뇌여"라는 말에 이어 당분간 서신을 보낼 수 없을 것이라고 적었다. 윤세주와 장래를 논의하고 있던 정황을 엽서에 간접적으로 드러낸 셈이다.

육사는 이상흔에게 엽서를 보낸 뒤 3주일 정도 지난 7월 20일 펑톈을 떠나 톈진으로 향했다. 그곳에서 다시 베이징으로 가서 3주일 머문 뒤 9월 말에 난징으로 향했다고 육사는 뒷날 일본 경찰에 진술했다.[109] 그런데 같은 시기인 1932년 7월 21일에 국내에서 육사가 이원삼이란 이름으로 기소유예가 된 사건도 있었다. '조선공산주의자협의회사건'이라고 불리는 건에 얽힌 것인데, 이는 주로 대구 출신 일본 유학생들이 자금을 모아 활동을 시작하다가 검거된 사건이다. 주역들은 붙잡혀 재판을 받았지만, 육사는 붙잡히지도 않은 상태에서 기소유예가 되었다.[110]

다시 육사가 윤세주를 만난 정황에 대해 일본 경찰 조사에 대답한 내용을 보자. 크게 두 가지로 요약된다. 첫째, 9월 초순경 톈

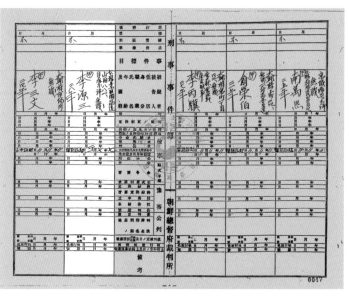

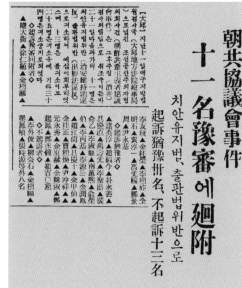

(위) 1932년 7월 21일 자.
기소유예자 이원삼
〈형사사건부〉.

(아래) 치안유지법,
출판법 위반 관련 1932년
7월 23일 자
《매일신보》 기사.

진에서 만났을 때, 윤세주가 자신이 의열단원임을 비로소 말했고, 그러면서 윤세주는 김원봉이 난징에서 국민정부의 지원을 받아 학교를 세우고 있으니 취직이 어려우면 거기에 입학하라고 육사에게 권했다. 하지만 육사는 "의열단은 테러리즘의 전형이므로 현재로서는 무어라 대답할 수 없었다. 나는 베이징에 친구가 있으니 그곳에서 일할 생각이므로 지금 대답할 수 없다"고 답했다. 둘째로, 육사는 베이징으로 가서 중궈대학 동창생인 중국인 자오

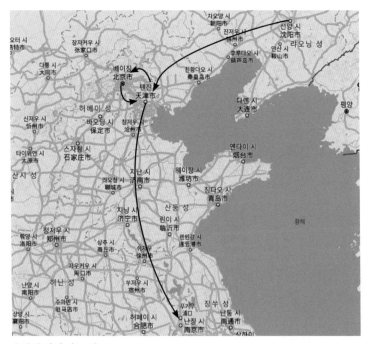

육사의 난징 가는 길.
선양(펑톈)→톈진→베이징→톈진→푸커우(난징 북역, 현재 폐역)를 거쳐 난징에 도착한다.

스강趙世鋼(당시 지방재판소 검사로 근무) 집에 3주일 머물면서 취직하려 노력했지만 뜻을 이루지 못했다. 다시 톈진으로 돌아간 그는 윤세주를 만나 입교 의사를 밝혔다. 그리하여 9월 중순에 육사는 처남 안병철安炳喆, 윤세주, 김시현金始顯(의열단 베이징지부장)과 함께 톈진과 푸커우浦口(난징에서 장강 북쪽에 있던 역, 난징 북역南京北驛이 되었다가 폐역)를 잇는 진푸선津浦線을 통해 난징으로 이동하였다.

육사가 일제 신문과정에서 일부러 돌려 대답한 정황을 쉽게 알 수 있다. 그가 처음부터 군사간부학교로 갈 생각이 없었고, 그저 취직을 꿈꾸고 베이징으로 갔던 것이라 말했지만, 사실 그의 거듭된 만주 나들이의 이유가 단순히 취업이 아니라는 점은 쉽게 헤아릴 수 있다. 그가 신문기자라는 직업을 갖고 있던 상태이고, 달리 다른 직업을 추구한 자취도 없기 때문이다. 이는 신문과정에서 자신을 방어하려는 계산으로 던진 꾸민 말이었을 것이다. 또 윤세주에게서 군관학교 입교를 권유받은 때가 9월이라는 점도 앞뒤가 맞지 않다. 이상흔에게 보낸 엽서에서 당분간 '소식을 보낼 수 없을 것'이라고 암시한 데서도 느낄 수 있듯이, 그는 이미 난징행을 다짐하고 있던 터였다.

육사와 함께 길을 떠난 처남 안병철은 경상북도 영천군 지곡면知谷面(현 화북면華北面) 오산동梧山洞 1139번지 출신으로, 1909년생이고,[111] 별명은 서가중徐嘉中인데, 안동 경안중학원(사립 중등교육기관)을 1927년에 졸업했다고 한다. 그렇지만 경안중학원은 경안노회가 1924년 봄에 설립했다가 재정 악화로 2년 만인 1926년 6

월에 폐교한 중등학교였기 때문에 안병철의 졸업은 1927년이 아니라 1926년으로 추정된다.[112] 졸업 후 그는 군 삼림조합 기수보技手補로 취업하고, 1931년 여름에 오른쪽 발 골절로 퇴직했으며, 육사와 더불어 1932년 8월에 펑텐에서 상하이로 가서 군관학교 1기생으로 입교하였다.[113] 그의 이름을 안병정安炳晶이라 적은 경우도 있으나,[114] 이것은 잘못이다.

또 난징으로 함께 길을 떠난 김시현은 경상북도 안동군 풍북면 현애(현 안동시 풍산읍 현애) 마을 출신으로 1921년 모스크바에서 열린 극동민족대표회의에 참석하고, 국내로 무기를 대량 갖고 들어왔다가 체포되어 1929년 1월에 풀려났다. 의열단에서 군사간부학교를 건립하자, 김시현은 베이징 지역에서 한인 청년들을 모집하는 책임자가 되었고,[115] 이때 육사를 만났던 것이다. 서로가 잘 아는 집안 출신이므로 주고받는 정이 남달랐을 것이다.

육사와 윤세주의 인연은 깊다.[116] 육사가 윤세주를 얼마나 극진하게 여기고 있었던가를 알려 주는 글이 그의 수필 〈연인기戀印記〉에 등장한다. 군사간부학교를 졸업하고 국내로 침투하기 직

의열투쟁으로 평생을 산 김시현.

김시현은 안동시 풍산읍 현애리 안동 김씨 북애공 종택의 종손이다.

1923년 의열단에서
가장 많은 무기를 갖고
국내로 몰래 들어왔다가
옥고를 치른
김시현(왼쪽)과
황옥의 재판 장면.

전에 가진 '최후의 만찬'에서 그는 'S'라고 칭하는 동지에게 가장 아끼던 도장 재료를 선물했는데, 다음과 같이 그의 마음을 표현하였다.

그 뒤 나는 상해上海를 떠나 조선朝鮮으로 돌아오게 되었고 언제 다시 만날런 지도 모르는 길이라 그곳의 몇몇 교우交友들과 특별特別히 친親한 관계關係있는 몇 사람이 모여 그야말로 최후最後의 만찬晩餐을 가치하게 되었는데 그 중 S에게는 나로부터 무엇이나 기념품을 주고 와야할 처지였다. 금품을 준다해도 받지도 않으려니와 진정을 고백하면 그때 나에겐 금품의 여유란 별로 없었고, 꼭 목숨 이외에 사랑하는 물품이래야만 예의에 어그러지지 않을 경우이라, 하는 수 없이 그 귀여운 비취인翡翠印 한 면에다 '증贈S·一九三三·九·一O·陸史'라고 새겨서 내 평생에 잊지 못할 하루를 기념하고 이따를 돌아왔다.[117]

육사가 이만큼 '목숨 이외에 사랑하는 물품이래야만' 되는 기념품을

윤세주. 의열단원으로 육사에게 군사간부학교 입교를 권했다. 육사가 가장 믿고 가슴에 새겨 둔 인물인데 1942년 6월 태항산 전투에서 전사했다.

주어야 할 인물이 누구인지 궁금하지 않을 수 없다. 특히 'S'라는 이니셜로 표현된 인물을 생각해 보면, 석정石正 윤세주 외에 뚜렷하게 떠오를 인물이 없다. 펑톈에서 만나 군사간부학교에 입교하도록 권하고 또 그것을 주선한 인물이 윤세주요, 국내 침투를 앞두고 여비를 마련해 준 인물도 바로 윤세주였다. 그러므로 여기에 등장하는 'S'를 석정 윤세주로 보는 것이 가장 합리적인 해석이라고 생각한다. 그리고 이를 통해 육사와 윤세주와의 만남과 인연을 헤아려 볼 수 있기도 하다.[118]

윤세주에 대한 육사의 절절한 마음은 뒷날 순국하기 1년 반 앞서 남긴 한시에서도 드러난다. 1942년 6월 지은 〈주난흥여酒暖興餘〉가 석정 윤세주에게 헌정한 시라는 최근의 연구는 '목숨 이외에 사랑하는 물품이래야만'(〈연인기〉) 되는 선물을 하고 싶은 친구가 다름 아닌 윤세주였음을 말해 준다.[119]

베이징을 거쳐 난징에 도착한 의열단

먼저 의열단이 상하이를 떠나 광저우와 베이징을 거쳐 난징에 도착한 과정을 간단하게 정리해 보자. 1926년에 의열단 지도급 인물들이 황푸군관학교에 입교했다. 거기에는 두 가지 배경이 있다. 하나는 기왕의 의열투쟁 방략의 한계를 인식한 데서 나왔다. 주요 인물과 적의 기관을 몇 개 공격한다고 해서 독립이 달성될

황푸군관학교 과거(위)와 현재(아래) 모습.
광저우시 동쪽 삼각주 섬인 창저우도長州島에 있었다.
쑨원이 중산대학(문)과 황푸군관학교(무)를 세워 혁명의 토대가 될
문무 인재를 길러 냈다.

수 없다는 한계를 분명하게 인식한 것이다. 의열투쟁이 아니라 근본적으로 독립전쟁을 벌여야만 독립할 수 있다는 결론에 도달한 것이다. 즉 이러한 변화는 김구·안창호·이회영·김창숙 등이 한국노병회·이상촌·자치촌·군사기지 건설 등을 계획하면서 군대를 길러 전쟁을 벌여야 한다고 계획을 세웠던 것과 일맥상통하는 일이다. 다만 의열단은 핵심 인물이 직접 군사교육을 받으러 나섰다는 점에서 다른 계획들과는 차이를 보였다. 독립전쟁 방략을 선택하고, 이에 앞서 스스로 군사력 양성의 초석이 되려는 것이었다.

두 번째 배경은 1924년에 제1차 국공합작이 체결되면서 황푸군관학교가 문을 열게 된 일이었다. 김원봉은 1924년 초에 광둥에서 국민당 정부 측과 접촉했고, 쑨원孫文과의 면담을 통해 군관학교 입교를 허락받았다. 1924년에 문을 연 황푸군관학교의 입교생 모집은 각지 군벌들의 방해를 피하기 위해 비밀리에 추진되었다. 이에 평소 중국국민당과 밀접한 관계를 가진 대한민국임시정부는 한인 청년들의 입교를 위해 교섭했고, 이외에도 여운형·손두환 등 또한 입교생들을 알선했다. 그 결과 한인 청년의 첫 입교는 3기부터 이루어졌는데, 4·5기생은 30명도 넘게 확인될 정도이다. 그리하여 1926년 3월에 김원봉을 비롯한 한인 청년 24명이 4기로 입교했다. 그 명단은 다음과 같고, 이 가운데 12명이 의열단원으로 파악된다.[120]

- 보병과: 강평국姜平國·권준權晙·김종金鐘(金容宰)·노일룡盧一龍·박효삼朴孝三·왕자량王子良·이집중李集中·이기환李箕煥·최림崔林(김원봉金元鳳)·최영택崔泳澤·양검楊儉(이상 11명 의열단원) 박건웅朴建雄·윤의진尹義進·이종원李鍾元·전의창田義昌·이우의李愚懿·유원욱柳遠郁
- 포병과: 오세진吳世振
- 공병과: 김홍묵金洪默
- 정치과: 문선재文善在·박익제朴益濟·백홍白紅·노세방勞世芳·노건盧建(의열단원)

　　의열단원들이 황푸군관학교를 졸업한 뒤, 1927년에 국공분열國共分裂, 즉 중국국민당과 중국공산당이 1924년 1월부터 합작해 오던 것을 깨고 분열되는 대격변 속에 휘말렸다. 그들은 난창南昌 봉기와 광저우廣州 봉기로 대변되는 국공분열이라는 소용돌이를 피해 상하이로 이동했다. 그곳에서 의열단은 활동의 당면 과제를 단을 재정비하는 일과 민족협동전선을 성취하는 데 두었다. 특히 후자에 대해서는 1928년 중반 김원봉과 제3차 조선공산당의 2대 책임비서였던 안광천安光泉의 만남에서 구체화된 것으로 보인다. 가장 공산주의적인 성향을 보이게 되는 이즈음에 김원봉은 안광천과의 만남 그리고 상하이 중심으로 전개된 유일당운동을 지켜보면서, 의열단이 나아갈 지향점을 잡아 나갔다. 그 결과 의열단을 정당 조직체로 변신하는 것과 이를 바탕으로 좌우로 나누어진 독립운동계를 통합하는 협동전선을 형성해 가는 것으로 가닥을 잡아 나갔다.

의열단은 우선 협동전선의 기틀을 마련하기 위해 정당체적인 조직으로 변환을 시도했다. 그것은 1928년 10월 4일 발표된 조선 의열단 제3차 전국대표대회선언의 정강·정책에서 정당체적 조직 으로의 전환을 암시한 데서 확인된다.[121] 즉 의열단이 항일투쟁 단체만이 아니라 근대 민족국가 수립을 지향하는 정치단체라는 사실을 내세운 것이다.

김원봉을 비롯한 의열단의 핵심 인물들은 1929년 봄 베이징으로 이동했고, 안광천과 그곳에서 합류하여 그해 가을부터 조선공산당재건동맹과 그 부속기관인 조선공산당재건준비위원회에 관여했다. 그리고 이들은 레닌주의정치학교를 운영했다. 그러다가 1931년 9월경 일제의 만주 침공이 있을 것을 내다보고서, 새로운 방향을 찾아 나섰다. 황푸군관학교 동기생들이 터 잡고 있는 중국국민당 정부의 세력 범위 안으로 들어가는 것이 바로 그 계획이었다. 난징에는 중국국민당 정부가 북벌을 끝내고 그곳을 수도로 정했는데, 특히 김원봉과 동기생인 황푸군관학교 4기생들이 중국국민당 군사위원회에 대거 자리 잡고 있었다. 이에 김원봉은 동기생들을 통해 난징으로 이동하는 일과 난징에서 벌일 사업 방향에 대해 논의했다. 드디어 1931년 10월 난징으로의 이동을 정식으로 추진하였다. 의열단이 난징으로 옮겨 간 시기는 대체로

1931년 말에서 1932년 초 사이로 파악된다.[122] 즉 만주사변이 일어나자마자 그들은 난징으로 이동하였고, 그러면서 새로운 투쟁 방략을 가늠했던 것이다.

의열단은 1932년 난징에 자리 잡은 뒤, 일본군이 중일전쟁을 일으켜 난징을 함락할 때까지 5년 동안 이곳에서 활동하였다. 난징 시대의 의열단 역사는 두 가지로 정리된다. 하나는 민족협동전선운동의 추진이라는 정치운동이요, 다른 하나는 조선혁명군사정치간부학교 운영으로 대변되는 군사력 양성운동이다. 전자의 정치운동은 1920년대 후반 중국 본토 지역에서 전개된 민족협동전선운동인 유일당운동을 계승한 것으로 대일전선통일동맹으로 재기되었다가 1935년에 그 성과를 나타내기에 이르렀으니, 그것이 바로 조선민족혁명당이다. 일반적으로 민족혁명당이라 불리는 이 정당 결성에 의열단이 핵심 구실을 하게 된다.

의열단, 조선혁명군사정치간부학교를 열다

난징 시대에 의열단이 전개한 사업 가운데 또 하나는 바로 군사력 양성을 위한 군사간부학교 설립과 운영이다. 이 군사간부학교에 육사가 제1기생으로 입교하고 초급 군사간부로 육성된 것이니, 이를 주목하지 않을 수 없다.

의열단은 1932년 10월부터 1935년 9월에 이르는 3년 넘는 동안 군사간부학교를 운영하여 1기 26명, 2기 55명, 3기 44명 등 모두 125명을 양성하였다. 학교의 정식 명칭은 중국국민정부 군사위원회 간부훈련반 제6대인데,[123] 이처럼 정식 명칭이 중국국민정부 군사위원회 소속 훈련대로 쓰게 된 이유는 일본과의 마찰을 피하려는 데 있었다. 그리고 '조선혁명군사정치간부학교'라는 명칭은 황푸군관학교의 정식 명칭인 '국민혁명군중앙군사정치학교國民革命軍中央軍事政治學校'에서 따온 것으로 보인다.[124] 군사간부학교 설립은 한중 연합공작의 대표적인 결실이라 할 만하다. 의열단으로서도 이 사업은 독립전쟁 수행을 위해 군사력을 양성한다는 의미만이 아니라 의열단을 재정비하고 세력을 강화한다는 목적도 함께 달성할 수 있어 매우 바람직한 것이었다.

군사간부학교의 설립 노력은 의열단 지도부가 1932년 난징에 집결하면서 본격화되었다. 그들은 중국국민당 정부가 거느리는 항일운동 단체인 동북의용군후원회東北義勇軍後援會와 동북난민구제회東北難民救濟會 등을 상대로 한중 연합기구 구성을 추진하고 나섰다. 의열단 주역들은 1932년 3월 초부터 황푸 4기 출신으로 삼민주의역행사三民主義力行社의 서기인 텅제滕傑와 접촉, 5월에 〈중한 합작에 관한 건의〉·〈한국혁명의 현상과 본단의 책략〉·〈조선의열단의 정책결의안〉 등을 제출하면서 공식 지원을 요청했다.[125] 그 결과 그해 6, 7월에 중국국민당 군사위원회의 승인을 얻음으로써 지원이 확정되었다. 이를 바탕으로 1932년 9월에 의열단은 제6차 정기대회를 열고, "한중 합작으로 군관학교를 설립하여 조선혁명당 조직에 필요한 전위투사를 양성한다"는 방침을 결정했다.[126] 이것은 의열단이 1928년 11월에 발표한 창립 9주년 기념 선언문에서 "개인 폭력 중심 노선에서 전투적 협동전선"으로 전환하겠다던 방침과 연속선상에서 이해된다.

의열단의 제의를 수락한 장제스蔣介石는 황푸동학회黃埔同學會와 삼민주의역행사 간부인 텅졔·허종한賀衷寒·강저康澤·샤오잔위蕭贊育·궤융칭桂永淸·간궈쉰干國勳 등에게 구체적 추진을 지시했다.[127] 중국국민당 정부가 의열단의 제의를 받아들여 군사간부학교를 마련해 준 데에는 이봉창·윤봉길 의거로 과시된 한민족의 항일 역량을 수용한다는 인식과 의열단 간부들이 황푸군관학교 출신이요, 장제스와는 사제지간이라는 인연이 유익하게 작용했을 것으로 보인다.[128] 의열단 간부 중 황푸군관학교 출신은 김원봉·권준·박건웅·김종·노을룡·이집중(이상 4기)과 신악申岳(5기) 등이었다. 또 장제스가 삼민주의역행사라는 비밀기구를 통해 지원하도록 지시한 이유는 국제적인 분규를 예방하려는 의도에서 나온 것이었다.[129] 삼민주의역행사는 남의사藍衣社라는 다른 이름도 갖고 있었는데, 장제스의 입지를 강화하기 위한 비밀조직의 성격을 갖고 있었다.

장제스의 지시 아래 이루어진 지원은 삼민주의역행사의 하부 조직인 민족운동위원회에서 담당하였다. 담당 인물은 삼민주의 역행사 후보 간사 겸 민족운동위원회 주임위원인 간궈쉰(황포 5기)과 삼민주의역행사 초대 서기 텅졔였다. 그 과정을 보면, 먼저 텅제가 김원봉의 지원 요청을 장제스에게 보고하여 승인을 얻었다. 그러면 민족운동위원회에서 이를 간귀원으로 하여금 김원봉과 상의하도록 결정했다.[130] 그래서 김원봉은 간귀원과 훈련 인원·훈련 기간·교육과정·설립 경비·운영 경비·졸업 후 활동 방안 등 세부 계획을 세웠고, 이어서 이를 장제스가 최종적으로 결재함으로써 확정되었다.[131]

간부학교 설립의 궁극적인 목표는 '한국의 절대 독립'과 '만주국의 탈환'이었다. 그리고 졸업생의 향후 활동 방침은 국내 및 만주 지역 파견으로 이루어지는 것으로, '일만요인日滿要人의 암살, 재만 항일 단체와의 제휴, 선만鮮滿 노동농민층에 대한 혁명적 준비공작, 위조지폐 남발을 통한 만주국의 경제 교란, 특무 활동에 의한 물자 획득' 등 다섯 가지였다.[132]

1기생의 훈련 장소는 보안 유지를 위해 난징에서 동쪽으로 시내를 벗어나 항저우杭州로 가는 후닝滬寧 고속도로를 따라 16킬로미터 정도 떨어진 탕산전湯山鎭에 마련했다. 그것도 탕산전 소재지를 벗어나 시골 마을에 터를 잡은 산시먀오善祠廟라는 도교 사원이 선정된 것이다. 간혹 산서우안善壽庵이라는 기록도 있지만, 필자가 1991년과 1994년 현지를 방문했을 때 주민들은 산시먀오로 증언했다. 그 건물은 1994년 무렵에 상하이와 난징 사이를 잇는 고속도로 건설로 인하여 허물어져 없어지고 말았다.

일본의 밀정들은 이를 찾아내려고 눈에 불을 켰다. 정보를 정확하게 수집해야 중국 정부에 이를 그만두라고 압력을 넣을 수 있었기 때문이다. 곳곳에 파견된 밀정들을 따돌리기 위해서는 한자리에서 지속적으로 군사간부학교를 운영할 수 없었다. 따라서 2기는 쟝수성江蘇省 쟝닝진江寧津, 3기는 난징 남동쪽 교외 황룽산黃龍山 톈닝스天寧寺로 각각 장소를 이동하여 교육과정을 이수했다. 그러니 눈에 잘 띄지 않는 폐사찰을 찾거나 새롭게 땅을 개척해야 하는 어려움을 겪게 마련이었다.

군사간부학교의 운영에 필요한 재정은 중국 정부에서 지원했다. 물론 김원봉의 동기생들이 적극적으로 지원해 주었기에 가능했다. 운영비 항목에는 경상비와 임시사업비 및 졸업생 파견에

탕산군사간부학교 위치.

(위) 산시먀오 군사간부학교 자리.
(아래) 2016년 탕산 산시먀오 자리에서 본 고속도로.

필요한 비용 등이 지급되었는데, 그 창구가 바로 삼민주의역행사였다.[134] 경상비에는 교관들에게 매월 30~40원씩 지급되는 급여도 포함되었다. 그리고 이러한 재정 지원만이 아니라 물자와 인력도 지원되었다. 총기와 탄약, 물자 장비가 제공되었고, 교육을 보조해 줄 중국군 장교와 근무병 3명과 취사병 4명도 파견되었다.[135] 즉 중국국민당 정부의 인적·물적 지원 아래 간부학교가 운영되었고, 특히 입교식과 졸업식 등 행사에는 국민당 정부 대표도 참석하여 격려해 주기도 했다.

이러한 중국의 지원에도 불구하고, 간부학교의 운영만은 의열

조선혁명군사정치간부학교 3기 훈련소가 있던 톈닝스.
1, 2기생이 다니던 곳은 자취가 없고 3기생이 다닌 톈닝스의 자취만 남아 있다.
육사를 비롯한 1기생도 이런 사찰에서 훈련을 받았다.

단에서 독자적으로 추진했다. 그 조직을 보면, 초기에는 교장(주임)에 김원봉, 비서 겸 교관에 왕현지王現之가 각각 맡았고, 군사조에 이동화李東華·김종·권준, 정치조에 김정우金政友·왕현지·한모韓某(한일래), 총무조에 이집중·비싱추畢性初(중국인), 대부실隊附室에 신악·노을룡·이철호李哲浩, 의관실醫官室에 다이戴 씨 성을 가진 중국인 등이 맡았으며, 외교주임은 김원봉이 겸임했다.[136] 이들은 모두 오래전부터 군사학에 관한 식견과 현장 체험을 공유하고 있었으며 군사 방면에서 활약하던 인물이었다.

간부학교는 학원學員들의 효율적인 교육을 위해 구대區隊로 편제하였다. 그리고 이들을 지도할 대장隊長과 구대장의 직제를 두

군사간부학교 1기 교관

이름	본명	의열단·민족혁명당 관련 사항
왕현지	이영준李英俊	민족혁명당 중앙조사부장, 선전부장
이동화		러시아어 능통, 폭탄 제조기술 습득
김종		조선의용대 기요조機要組 설계주임, 광복군 1지대1구대장
권준	권중환權重煥	황포 4기, 국민군 장교, 조선의용대 창설에 의열단 합류
김정우	박건웅	황포 4기, 1기생 졸업 후 의열단 이탈, 조선민족해방동맹 결성, 임시정부 군무부비서
한일래		민족혁명당 화남지부 총책임자
이집중		민족혁명당 특무부원, 중앙검사위원, 조선의용대 총무조장
신악		민족혁명당 중앙서기부 재정과장, 조선의용대 기요조, 광복군 제1지대 대부隊附
노을룡		민족혁명당 간부, 부일배 응징 담당
이철호		운남강무학교 졸, 황푸군관학교 조교, 국민혁명군 연상連長 역임

었다. 육사의 입교 시기인 1기생의 대장과 구대장에 대해 알려 주는 자료는 아쉽게도 없다. 2기생의 대장에 이동화, 구대장에 양진곤楊振崑·김세일金世日·진유일陳唯一(이상 1기 졸업생)이었고, 3기생의 대장에 김세일, 구대장에 오균吳均·하진동河振東(이상 2기 졸업생)이었다. 보안 유지를 위해 교관이나 입교생들은 모두 합숙 생활을 했다. 그런데 교관은 입교생들과 달리 난징성 남서쪽 모퉁이 밍양졔鳴羊街 후쟈화위안胡家花園에 있던 김원봉 거주지에서 집단으로 생활했다. 후쟈화위안이 있던 장소에 대해 국내의 자료들은 밍양졔 혹은 화루강花露崗으로 각기 다르게 기록되어 있다. 이것은 바로 후쟈화위안의 동쪽 골목이 밍양졔이고 북쪽 골목이 화

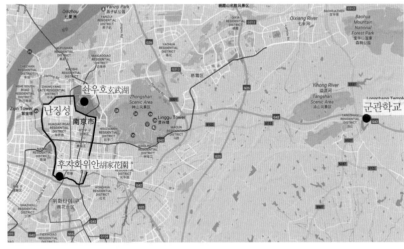

난징 최근 지도. 김원봉과 군사간부학교 입교생들이 머물던 후쟈화위안은 난징성 안 남서쪽에 있었고, 군사간부학교는 동쪽으로 벗어난 교외에 있었다.

후쟈화위안. 의열단장이자 군사간부학교장이던 김원봉이 머물던 곳이다.
후쟈화위안(우원) 전경 옛 그림.

루강이기 때문이다. 후쟈화위안은 당시 대지주였던 후다하이胡大海가 살던 대저택이었고, 김원봉 계열의 인물들은 이 화원 안에 있던 먀오우루위안妙悟律院과 이란찬린怡然禪林이란 암자에 거주했다.[137]

육사, 난징에서 의열단장 김원봉을 만나다

육사는 1932년 9월 중순에 베이징을 떠나 난징으로 향했다. 그에게 난징행을 권유했던 윤세주와 동향 출신 김시현 그리고 그의 처

푸커우역(현재 폐역). 육사가 처남 안병철, 안동 출신 김시현, 의열단원 윤세주와 함께 도착했던 곳이다. 당시에는 창장대교가 없었으므로 이곳에 내려 배로 창장을 건너 난징으로 갔다. 김원봉을 처음 만난 곳이기도 하다.

남 안병철이 일행이었다. 베이징에서 기차로 출발한 일행은 난징의 대안, 즉 양자강 건너편 항구인 푸커우역浦口驛(난징북역南京北驛이 되었다가 현재 폐역)에 내렸다. 여기에서 미리 연락을 받고 나온 의열단원 이춘암李春岩의 안내를 받았다.[138] 육사와 그의 처남이 이춘암이 지정해 둔 여관에 잠시 머물고 있던 사이에 윤세주·김시현·이춘암이 김원봉을 안내해 함께 왔다. 육사가 김원봉을 만나는 순간이었다. 육사는 그를 "37, 8세의 검은 안경을 쓴 한 조선인"이라 표현했다.[139]

푸커우에서 난징으로 가자면, 지금은 도로 교량 4.5킬로미터, 철도 교량 6.7킬로미터를 자랑하는 창장대교가 있어(1968년 완공) 자동차와 기차로 넘을 수 있지만, 당시에는 그렇게 긴 교량이 있을 수 없어 모두 배로 건너야만 했다. 육사를 비롯한 일행은 난징성 안 간루샹甘露巷에 있던 김원봉의 처소로 갔다고 한다. 간루샹이 아니라 화루강花露崗인 것 같고, 김원봉의 거처는 앞에 나온 후샤화위안胡家花園이었다. 육사는 그곳에서 소지품을 맡기고 군복으로 갈아입었다.

그곳이 먀오우루위안妙悟律院인지 이란찬린인지 알 수 없지만, 두 곳 가운데 하나였을 것이다. 이 가운데 먀오우루위안은 2000년대에 들어 그 자리에 구와관스古瓦官寺라는 이름으로 다시 문을 열었다. 이 사찰의 구조는 일제가 이곳을 추적하여 그려 둔 평면도와 매우 비슷하다.

육사는 도착한 다음 날 거주지를 옮겼다. 후샤화위안을 나와서

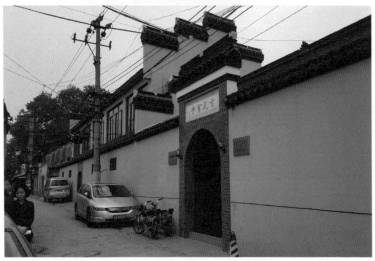

먀오우루위안妙悟律院은 2000년대에 들어 그 자리에 구와관스古瓦官寺라는
이름으로 다시 문을 열었다.

솬우호玄武湖 부근의 우저우공원五洲公園 근처의 중국인 별장으로 이동한 것이다. 솬우호는 난징성 북동쪽 해자와 연결된 큰 호수다. 육사가 도착했을 때, 이미 한인 청년 17~18명이 모여 있었다. 그곳에서 주의 사항을 들었다. 자취를 할 것이며 절대 한국어와 일본어를 사용하지 말고 오직 중국어만 사용하라는 명령이 그것이다.[140] 창장長江을 타고 올라와 난징 일대를 정탐하고 있던 일제

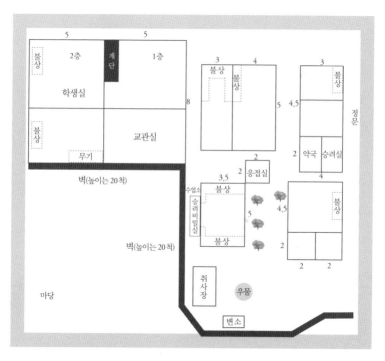

육사를 비롯한 군사간부학교 입교생들이 머물던 먀오우루위안 평면도. 일본 정보 자료에는 화루강군관학교로 기록되어 있다(건물 옆 숫자는 칸수를 표시).

첩보원들의 추적과 감시를 철저하게 따돌리기 위함이었다. 4월 29일 윤봉길 의거가 터지고, 5월 대한민국임시정부는 항저우, 김구는 자싱嘉興으로 옮기거나 숨어든 상황이니, 일제 첩보망은 더할 수 없을 만큼 철저하고 집요하던 무렵이었다. 만약 대한민국임시정부가 난징성 안에 머문다는 사실이 밝혀지면, 상하이에 머물고 있던 전함을 난징으로 보내 난징성을 포격하겠다고 일본은 거듭 위협하고 있었다. 그러니 비밀 유지가 무엇보다 중요했다.

이제 육사는 김원봉과 좀 더 많은 이야기를 나눌 기회를 갖는다. 육사로서는 김원봉의 이름과 혁혁한 공적을 익히 들었던 터였다. 윤세주가 권하는 과정에서도 그랬겠지만, 이미 의열단 이야기는 베이징 시절에도, 또 장진홍 의거에 얽혀 신문받고 고문당하던 과정에서도 수없이 들었을 것이기 때문이다. 이제 그런

김원봉을 만나 대화를 나누고 배울 수 있는 기회가 온 것이다. 과연 어떤 생각과 뜻을 가진 영웅인지 확인해 보고 싶었을 것이고, 반대로 김원봉도 윤세주가 추천하는 육사를 시험해 보는 일이 필요했을 터였다.

다시 며칠 지나 육사는 김원봉과 단둘이 같은 보트를 타는 기회를 가졌다. 김원봉이 육사를 저울질하는 시간이었다. 이는 결코 우연한 기회가 아니었다. 김원봉의 계획으로 이루어진 자리임에 틀림없다. 당초 윤세주는 육사에게 정치학 교관을 맡아 달라고 제의했다.[141] 이 말은 김원봉에게도 전달되었을 것이고, 이에 따라 김원봉은 육사를 가늠해 보는 기회를 만들었으리라.

기회는 며칠 뒤 두 사람만 함께 탄 보트 위에서 이루어졌다. 넓은 호수 위에 유유히 노를 젓는 낭만적인 분위기와 다르게, 보트

삼우호.
※출처: 바이두.

위의 두 사람은 팽팽한 긴장으로 얽혀 있었을 것이다. 멀리까지 배를 저어 가서, 근처에 다른 보트가 없는 것을 살펴본 김원봉이 말을 꺼냈다. 김원봉이 육사에게 국내의 일반 정세, 철도망, 노동자 수, 농민의 생활 상태, 노동조합의 수, 노동운동에 대한 이론이나 운동 방법 등에 대해 질문한 것이다. 이에 육사는 국내 정세와 철도 및 노동자에 대해 자신이 신문이나 잡지를 통해 파악하고 있던 내용들을 상세하게 답했다. 그러면서 인정할 만한 노동조합이 존재하지 않지만 잠재력이 있다고 말한 뒤, 노동조합 조직이론에 대해 자신의 견해를 덧붙였다. 그랬더니 김원봉이 "노동층의 조직이론은 그것으로는 안 된다"고 하면서 설명을 시작했다. 김원봉의 논리는 다음과 같았다.

노동조합을 조직함에는 평소 자기 자신이 노동자가 되어 그들의 동료로 친교하는 신임을 받도록 해야 하며, 그런 뒤에 서서히 공산 의식을 주입 선전하고, 그 직장에 의열단의 소조小組라는 조직을 만들고, 그것을 기초로 하여 노동자층에 '프락션'운동을 일으키지 않으면 안 된다.[143]

김원봉이 육사에게 노동자층에 공산주의운동을 펼쳐 나가는 길을 일러 준 대목이다. 육사는 뒷날 진술과정에서 이러한 논리에 약간의 다른 생각도 있었으나, 김원봉이라는 상대 앞에서 일단 입을 다물고 듣기만 했다고 말했다.[144] 이 만남은 육사 마음속에 김원봉이란 인물에 대한 전폭적인 존경과 지지가 아니라, 일정한 거리를 갖게 만드는 계기가 되었다. 물론 이것이 일제에 진술한 내용이므로 말 그대로 다 받아들이기는 곤란하다. 몇 번 곱씹어 보면, 일단 육사 자신이 김원봉이란 인물과 의기가 맞았다거나 절대적인 신임을 갖지도, 주지도 않았다고 표현한 것인데, 이것은 심문을 당할 때 자신이 빠져나갈 여지를 다분히 의도한 답이었을 것이다.[145]

조선혁명군사정치간부학교를 다니다

우저우공원五洲公園에서 뱃놀이를 즐긴 뒤 5일쯤 지난 9월 25일에 육사는 다른 학원(생도)들과 이동하였다. 난징 교외 16킬로미터 정도 떨어진 탕산湯山이라는 곳으로 옮겨 우선 터 닦기 작업에 들어갔고, 교관과 학원들이 모두 운동장 땅 고르기와 정리 정돈에 동원되었다.[146]

그들은 10월 20일에 입교식을 가졌다. 이날 입교식에는 육사를 비롯하여 제1기생 20명과 김원봉을 비롯한 교관 12명이 참석했다. 그리고 뒤에 6명이 별도로 입교하게 됨으로써 1기생은 모두 26명이 되었다.[147]

1기생들의 포섭은 김원봉·이철호·윤세주 등의 의열단 간부들의 연고 관계나 인적 관계를 통해 이루어졌다. 신병환·김영배·이

金若山先生在南京創辦朝鮮革命幹部學校

開學典禮時金先生向全校學員訓話　（一）

(1) 개교식때 전교 학원들에게 훈시하는 김약산

全校學員聆訓　（二）

(2) 훈시를 경청하는 전교 학원들

군사간부학교 입교식 사진. 단상에 서 있는 인물은 김원봉 교장이다.
앉아 있는 1기생 26명 가운데 육사도 있었다.

무용·문길환·최장학 등은 김원봉의 처남인 박문희朴文熺가 모집한 경우이고,[148] 김천만·신세철·윤익균·김공신 등은 교관 이철호의 처인 최복동崔福同이,[149] 이화순은 김원봉과 박건웅이,[150] 육사와 안병철은 윤세주가 각각 포섭했다.[151]

입교식에는 난징의 중국일보사中國日報社 사장과 황푸군관학교 동창회장, 중국군 장교 등 여러 명의 축하객이 참석했다. 내빈들이 중국국민당 정부의 대표가 아닌 언론계와 동창회 간부들이지

조선혁명군사간부학교 제1기생 명단

	입교중 이름	본명 또는 이명		입교중 이름	본명 또는 이명
1	김세일金世日	김영재金英哉 김연일金連日	14	이남해李南海	이무용李懋庸
2	진암陳岩	김천만千萬 김성제金聖濟	15	호영胡映	문길환文吉煥
3	조열趙烈	신세철申世澈	16	육사陸史	이원삼李源三 이활李活
4	류호柳胡	신병원愼秉垣 유형일俞亨日	17	이원李遠	
5	호평胡平	윤익균尹益均	18	진가명陳嘉明	최장학崔章學
6	왕덕해汪德海	김공신金公信	19	최성장崔成章	노철룡盧喆龍
7	장수정張守正		29	서가중徐嘉中	안병철安炳喆
8	석정石正	윤세주尹世冑	21	진량성陳良誠	곽장호郭章灝 김수길金壽吉
9	장진산張振山	이화순李化淳	22	이자중李自重	김세옥金世玉 김지광金芝光
10	왕진명王振鳴	노석성盧錫聖	23	한삭평韓削平	박준빈朴俊彬
11	진우삼陳友三	유기민劉基敏 지태선池泰善	24	진유일陳唯一	이창하李昌河
12	황육수黃毓秀	정일명鄭日明	25	유복산劉福山	
13	왕권王權	김영배金永培	26	양진곤楊振寬	양진산楊民山 김대륙金大陸

만, 그것은 일본 밀정의 활동에 대비한 것일 뿐 사실상 황푸군관학교 동기생이자 중국군사위원회 인물들이었다. 김원봉은 그 자리에서 개교사를 통해 군사간부학교의 설립이 의열단 창립 이래 줄곧 지켜 온 항일투쟁 정신을 계승하고 있음을 전제하고, 이 학교의 교육 목적이 군사학과 무기 사용법 등 군사 지식을 배우는 것임을 천명했다.[152]

육사는 오전 6시에 기상하여 밤 9시에 취침할 때까지 꽉 짜인 교육과정을 밟아 나갔다. 오전에 학과 교육, 오후에 야외 훈련으로 편성된 실습 교육, 그리고 저녁에는 중국어 교육을 받았다. 이러한 교육은 문학적 성향이 강한 그를 점차 군사 간부로 만들어 가는 과정이었다. 육사가 이수한 교육 내용을 보면, 그러한 점을 더욱 확실하게 알 수 있다. 교육 내용이 정치·군사·실습 과목으로 구성되었는데, 그 내용과 담당 교관은 다음과 같다.[153]

정치 과목은 세계정세와 혁명이론에 초점이 맞추어져 있었다.

1기생 교과 과목과 교관

정치 과목		군사 과목		실습 과목	
정치학	한일래	보병조전 步兵操典	신악	기관총조법 機關銃操法	이동화
경제학	왕현지	진무요무령 陣中要務令	이동화		
사회학	김정우	폭탄제조법	이동화	폭탄이용법	이동화
조직방법	김정우	측도測圖	이동화	실탄사격	이동화
철학	김원봉	사격교범	김종	부대교련	신악 이동화 노을룡
		축성학 築城學	권준		

특히 지도 그룹이 국공합작 기간에 황푸군관학교를 이수하면서 이미 사회주의 혁명논리를 상당히 수용했고, 더구나 우창 봉기와 레닌주의정치학교 운영을 경험한 그들이기 때문에 교육 내용이 자연히 사회주의 색채를 강하게 띨 수밖에 없었다. 이러한 교과 과목과 강사진의 특성은 뒷날 육사에게도 강하게 투영되었고, 이 것이 뒷날 그의 시사평론을 통해 일부나마 드러나기에 이른다.

이들 교과 속에는 항일투쟁에 필요한 특무공작의 지침이 포함되어 있었다. 즉 그 내용은 정보·첩보·파괴·선동 등 특수공작을 수행할 수 있는 구체적인 행동 요령과 활동 수칙을 교육하는 것이

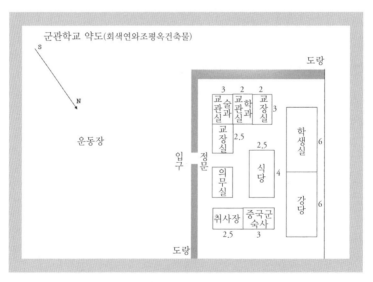

탕산 산시먀오 군사간부학교 평면도(조선총독부경무국, 《軍官學校ノ眞相》, 1934, 한홍구·이재화편, 《한국민족해방운동사자료총서》3, 경원문화사, 427쪽)(그림 속 숫자는 칸 수를 표시한 것이다.)

었다. 또한 입교생들은 교육과정에서 주 1회 정도의 토론 모임을 가졌다. 다음에 제시된 주제를 보면, 혁명의식 강화와 혁명이론 연구에 목적을 둔 이 토론회가 '학원'들에게 혁명의식을 불어넣는 데 초점이 맞춰졌다는 사실을 쉽게 알 수 있다.

- 혁명가의 자격
- 혁명가의 인생관
- 제2차 세계전쟁과 우리들의 임무
- 입교 후 감상

군사 과목과 실습 과목은 기본적인 전투훈련 과목이 모두 들어 있었다. 폭탄 제조와 사격, 기관총 사격, 축성, 독도법 등 다양했다. 육사가 이들 교과과정에서 특별하게 흔적을 보이지는 않지만, 다만 그가 권총 사격에 있어서는 뛰어난 실력을 보였다는 말이 전해진다.[154]

군사간부학교 재학 시절 가장 눈에 띄는 부분은 그가 김원봉 교장과는 매우 까칠한 사이였다는 이야기다. 이런 분위기를 보여주는 대목은 곳곳에 드러난다. 우선 그가 자신을 입교하도록 권유했던 윤세주에게 말한 장면에서 그것이 확인된다. 김원봉을 어떻게 생각하느냐는 윤세주의 질문에, 그는 의열단 대표요 간부학교 교장인 김원봉에 대해 부정적인 견해를 갖고 있다고 털어놓았다. 개인적인 인품이나 성격이 아니라 김원봉의 근본적인 태도를 비판한 것인데, 이것은 당시에 육사가 가진 생각을 읽어 낼 수 있는 대목이다. 물론 이러한 표현도 일제 경찰의 심문과정에서 나온 것이어서 '자기방어책'으로 계산된 것일 수 있다. 그렇지만 심문 기록 전체의 흐름으로 보면 김원봉에게 조금은 거리를 두었던 것으로 이해된다.

육사는 김원봉이 부르주아 계급을 바탕으로 삼은 중국국민당 정부의 지원을 받고 있다는 점을 지적하고, "중국의 부르주아 계급과 야합"하고 있다면서 "사상이 애매하여 비계급적이다"라고 비판하였다. 또 "일국일당주의一國一黨主義에 위반하고 조선인 자신이 조선의 혁명 사업을 한다는 것은 그 사람의 혁명적 정조를 의심하지 않을 수 없다"고 일갈하였다.[155]

이러한 주장은 김원봉에게 확실한 무산자 계급 중심의 투쟁을 요구하면서 국제공산당 코민테른의 '일국일당주의' 지시를 따라야 한다고 주장한 것이다. 하나의 나라에 하나의 공산당이 있어야 한다는 일국일당주의는 중국이나 일본에서 전개되는 공산주의운동이 중국공산당이나 일본공산당으로 모여야 한다는 말이다. 그렇다면 중국에서는 중국공산당으로 합류해야 하며, 때문에 중국에서 조선공산당이 존재할 수는 없다고 정리된다. 이러한 그의 자세는 시사평론을 통해 일부나마 내비쳐지게 된다. 특히 1933년 4월에 국내에서 출판된 〈자연과학自然科學과 유물변증법唯物辨證法〉이란 평문은 이러한 그의 인식을 보여 준다.

1933년 4월이라는 시점은 그가 군사간부학교를 마치던 무렵이다. 훈련을 받는 동안 이 글을 써 보낼 수는 없었을 터이니, 만주를 거쳐 난징으로 가기 이전에 투고한 것임을 알 수 있다. 그렇다면 이는 군사간부학교 입교 이전에 그가 가진 인식의 틀을 확인할 수 있는 자료가 된다. 여기에서 그가 순전히 마르크스주의자라는 틀을 갖고 있었음을 알 수 있다. 육사는 역사적 유물론으로 사회와 역사를 파악해야 하며 레닌처럼 자연사와 사회사를 통일적으로 파악하는 변증법적 유물론을 혁명가의 사상적 무기로 삼아야 한다고 주장했다.

이러한 사고는 군사간부학교 시절 내내 유지되었고, 김원봉과 가진 의견 교환이나 약간의 논쟁 속에서도 그런 면이 나타났다. 다시 말하자면, 육사가 군사간부학교를 다니면서 인식을 전환한 것이 아니라, 이미 중국으로 떠나기 전부터 가진 인식이 줄곧 유지된 것이고, 그런 점에서 김원봉의 인식과는 달랐음을 보여 준다.

졸업 기념으로 연극을 공연하다

육사는 1기생으로서 6개월 과정을 수료하고 1933년 4월 20일에 졸업했다. 이때 한 명의 탈락자도 없이 육사를 포함한 1기생 26명 전원이 졸업했다. 오전 11시에 시작된 졸업식에서 교장 김원봉을 비롯한 14명의 교관, 중국일보사中國日報社 사장 강저康澤, 중국인 교관 세쳉용協中庸 등이 참석하였다. 여기에 등장하는 강저가 단순히 신문사 사장이 아니라 바로 직접적인 후원자였을 것임은 쉽게 이해된다. 식장에는 태극기와 중국의 청천백일기가 교차되어 걸리고 다음과 같은 표어가 강당 앞에 붙었다.[156]

- 타도 일본제국주의
- 조선혁명군사정치간부학교 경성 이전
- 조선혁명 성공 만세
- 중한연합혁명 성공 만세
- 세계피압박민족연맹 만세
- 동삼성에서의 일본제국주의 구축

졸업식은 교관 이동화의 개회 선언, 교가 합창, 개회사, 강저와 세쳉용의 축사, 교관 이철호의 축사, 졸업생 대표 양진곤楊振崑의 답사, 교가 합창, 구호 제창, 폐회 등의 순서로 진행되었다.[157] 육사는 감개무량한 마음으로 졸업식장에 서 있었고, 지난 6개월의 과정을 회고했을 것이다. 그러면서 교장 김원봉이 졸업생들이 개별 공작에 착수할 것임을 암시하고, '조선의 절대 독립과 동삼성 東三省의 탈환'을 위해 헌신할 것을 당부하던 그 말뜻을 가슴에 새겼을 것이다.

그런데 졸업식이 있던 그날 저녁 여흥 무대에서 육사의 모습이 확연하게 드러났다. 저녁에 세 편의 연극이 공연되었는데, 육사의 작품 〈지하실〉,[158] 호평胡平(윤익균) 작인 〈차車, 손수레〉와 〈삼십절병원三十節病院〉 등이 그것이다.[159] 육사가 창작한 〈지하실〉의 줄거리는 다음과 같다.

경성의 모 공장 지하실의 어두운 방에서 노동자 일동이 일을 하고 있는데 라디오 방송으로 "모월 모일 우리 조선혁명이 성공하다"라는 보도가 있고, 계속하여 지금 용산龍山의 모 공장을 점령하였다든가, 지금 평양平壤의 모 공장을 점령하였다든가, 지금 부산釜山의 모 공장을 점령하였다든가 하는 방송을 해 오고, 마침내 공산제도가 실현되어 토지는 국유로 되어서 농민에게 공평하게 분배되고, 식당·일터·주거 등이 노동자 등에게 각각 지정되어 완전한 노동자·농민이 지배하는 사회가 실현되었으므로 농민·노동자는 크게 기뻐하여 "조선혁명 성공만세"를 고창하고 폐막하였다.

육사는 대본을 쓴 것만이 아니라 직접 연극배우로 출연하기도 했다. 그 자신의 작품인 〈지하실〉에서는 방송국의 서기로, 〈차車, 손수레〉라는 작품에서는 대학교수 역을 맡았다.[160]

육사가 맡은 임무

육사는 졸업에 앞서 자신이 나아갈 투쟁 방향과 임무에 대해 논의하는 자리를 가졌다. 우선 그는 김원봉과 면담을 가졌다. 중국일보사 사장 강저康澤도 참석한 자리에서 육사는 생각하고 있던 투쟁 방향을 다음과 같이 털어놓았다

> 나는 도회지 생활이 길어서 도회지인의 심리를 잘 이해하고 있으므로 도회지에 머물러 공작을 할 생각이다. 곧 도회지의 노동자층에 파고들어서 공산주의를 선전하여 노동자를 의식적으로 지도 교양하고, 학교에서 배운 중한 합작의 혁명공작을 실천에 옮겨 목적을 관철한다.

즉 이 자료는 육사가 도시의 노동자층에다 활동의 초점을 맞추고 있음을 알려 주고 있다. 또한 그가 노동자들에게 공산주의를 선전하여 혁명공작을 실천에 옮긴다는 목적을 분명하게 드러낸 자료이기도 하다.

그런데 육사를 비롯한 졸업생들은 교장 김원봉과 개별적인 면담을 통해 활동 방향에 대한 지침을 전달받았다.[162] 1기 졸업생에게 주어진 임무는 주로 만주 지역 파견 요원이 되는 것과 2기생 교육을 위한 교관 요원으로 남는 두 가지였다.

1기 졸업생들의 투쟁 방향에 대한 의열단의 기본 방침은 만주

지역 파견이었다. 육사의 처남 안병철이 만주로 파견된 것도 그러한 사례에 속한다. 그렇지만 졸업생의 대다수가 국내 활동을 희망함에 따라 연고지에 파견하는 것으로 방침이 정해졌다. 1기생의 주된 사명은 향후 적극화될 의열단 국내 활동을 위한 사전 기반 조성에 두어졌던 셈이다. 때문에 구체적 활동지침도 겉으로 온건 단체를 나타내 야학회 등 공개 조직을 통하여 민력民力을 향상시키고 결속력을 높이는 것을 우선 과제로 삼고 있었다. 또 일부 졸업생은 조직 활동을 강화하기 위해 통신 연락 활동에 배치되기도 하였다.[163]

2기생 교육을 위해 교관 요원의 임무를 부여받은 인물로는 육사와 그의 처남인 안병철에게 입교를 권유했던 윤세주가 대표적이다. 그는 뒷날 민족혁명당과 조선의용대의 핵심 간부를 지내다가 화베이華北로 가게 된다. 진유일도 졸업 후 2기생 교관이 되고, 학감이 되었으며,[164] 연락 활동을 위해 여러 차례 산하이관山海關을 넘어 만주 지역을 왕래하기도 했다. 또 양진곤·김세일·진유일 등 3명은 2기생의 구대장으로 활약했다. 그리고 1기생 가운데 장수정·석정·황육수·진가명·최성장·진량성·한삭평·유복산·양진곤 등은 민족혁명당원으로 활약했다.[166]

육사는 교장 김원봉과의 만남에서 국내로 잠입하여 활동하겠다고 말했다. 그러자 김원봉은 육사에게 "그대와 같은 수재를 조선으로 돌려보내는 것은 유감"이라고 하면서 러허熱河 방면에 가서 활동하든지 아니면 핑궈장馮國章의 군대에 입대하기를 권했다.

그렇지만 육사는 귀국 방침을 고집하였다.[167]

이에 김원봉은 두 가지 사명을 그에게 주었다. 하나는 국내의 노동자·농민에 대해 혁명의식을 고취하는 것이고, 다른 하나는 2기생 모집 파견이었다. 졸업생들에게 입교생 모집에 노력하라는 주문이나, 노농대중勞農大衆을 조직하고 이를 토대로 유격대를 건설하고 전쟁이 발발할 경우 국내에서 무장투쟁을 일으키게 한다는 것은 국내외로 파견되는 요원들에게 거의 공통적으로 주어진 주문 사항이었다.[168] 김원봉이 육사에게 앞으로의 투쟁 방향을 물었을 때, 그는 "조선 독립운동을 위해서는 조선으로 돌아가서 노동자·농민에게 독립사상을 고취하여야 한다고 주장했더니, 김원봉은 그러면 조선으로 돌아가서 의열단을 위해 사력을 다하여 활동하라 하고, 다음 차례의 반원을 모집하여 밀파하라는 사명을 받고, 여비로서 10원 혹은 30원을 주었다"고 진술하였다.[169] 이때 그는 귀국한 뒤 활동 방법으로 조선일보사로의 복귀와 언론 활동을 통한 민족독립의식 고취라는 속셈을 가졌을 것 같다. 그가 귀국 이후 실제로 조선일보사 대구지국 기자가 되기 위해 노력한 점이 이를 말해 준다.[170]

봄비 내리는 난징에서 국내 침투 준비

4월 20일 졸업한 뒤, 육사는 그달 하순에 난징성 안으로 이동하였다.[171] 난징성 안에 가족이 있는 교관과 졸업생 6명이 난징성 안으로 들어가고, 나머지는 군사위원회 간부훈련반 제5대의 자리인 샤오링위안孝陵園으로 이동하였다.[172] 샤오링위안은 명 태조 주원장朱元璋의 능묘이다. 그는 우선 난징성 안 남서쪽에 있던 후쟈화위안에 딸린 한 건물인, 스마후퉁石馬胡同의 박문희 집에 머물렀다.[173] 박문희는 김원봉의 아내 박차정의 오빠였다. 이들이 다시 4월 27일에 모여 의열단 학생부 대회를 열고, 국내에서 의열단 이름으로 활동하기 어려우니 '조선혁명무장군단'으로 이름을 고치자는 의견을 의열단 전체대회에서 제의하기로 결의했다. 그러고서 육사를 비롯한 6명이 국내로 파견되었다.[174]

5월 15일에 난징을 떠나 상하이로 이동할 때까지 육사는 한 달 정도의 기간을 난징에서 지냈다. 이 무렵이라고 생각되는 시절에 대해서 그는 여관에 머물면서 책방이나 골동품 가게를 기웃거리기도 했다고 회상하였다. 그 대목을 그는 〈연인기戀印記〉에 남겼는데, 얼마 뒤 국내로 침투하기 직전에 윤세주에게 선물한 비취 도장을 바로 이 무렵에 구입했다.

봄비 잘 오기로 유명한 난징의 여관살이란 쓸쓸하기 짝이 없는 것이라 나는 도서관을 가지 않으면 고책사古冊肆나 고동점古董店에 드나드는 것으로 일을 삼았다. 그래서 그곳서 얻은 것이 비취인장翡翠印章 한 개였다. 그다지 크지도 않았건만 거기다가 모시7월장毛詩七月章 한 편篇을 새겼으니 상당히 섬세纖細하면서도 자획字劃이 매우 아담스럽고 해서 일견一見 명장名匠의 수법手法임을 알 수 있었다. 나는 얼마나 그것이 사랑스럽든지 밤에 잘 때도 그것을 손에 들고 자기도 했고 그 뒤 어느 지방地方을 여행旅行할 때도 꼭 그것만은 몸에 지니고 다녔다. 대개는 여행旅行을 다니면 그때는 간 곳마다 말썽을 지기는 게 세관리稅官吏들인데 모든 서적書籍과 하다못해 그림 엽서葉書 한 장도 그냥 보지 않는 연석들이건만 이 나의 귀여운 인장印章만은 말썽을 부리지 않았다. 그랬기에 나는 내 고향故鄕이 그리울 때나 부모형제父母兄弟를 보고 저울 때는 이 인장印章을 들고 보고 칠월장을 한 번 외워도 보면 속이 시원하였다. 그 비취인장에는 내 향수鄕愁와 혈맥血脈이 통통通通해 있으리라.[175]

이 글은 '봄비'라는 단어로 보아 군사간부학교를 졸업한 이듬해, 즉 1933년 봄의 난징 생활을 표현한 것으로 보인다. 1932년에는 가을에 난징에 도착하였으니, 봄에 그곳에 머문 것은 1933년뿐이다.

당시 그가 머물던 난징성 안에는 김원봉 계열만이 아니라 김구 계열의 청년들도 자리 잡고 있었다. 특히 난징성의 남문인 쭹화먼中華門 바로 안쪽에 공자의 사당인 푸즈먀오夫子廟가 있는데, 이곳을 중심으로 근처에 이들이 자리 잡고 있었다.

김구는 윤봉길 의거를 터트린 뒤 항저우와 자싱에 피신했다가 1934년 무렵에는 난징성으로 들어와 바로 푸즈먀오 근처에 비밀

난징성 안에 공자상을 모셔 둔 푸즈먀오夫子廟가 있고,
그 근처가 가장 번성한 유원지로 골동품 가게와 찻집이 가득 들어서 있다.
김구를 비롯한 임시정부 요인들이 머물던 곳도 이곳에서 멀지 않다.
위는 푸즈먀오 입구, 아래는 푸즈먀오 거리와 유람선.

아지트를 만들고 청년들을 모아 군사훈련을 준비하고 있었다. 때문에 김원봉이 군사간부학교를 통해 청년들을 군사 간부로 양성하듯이 김구도 자신이 거느리는 청년들을 군사 간부로 육성하기 위한 프로그램을 마련하고 있었으므로, 이 일대에는 한인 청년들이 서로 얼굴을 마주 대하는 일이 종종 있었을 것이다.

의열단에 가입하지 않았다는데

난징 시대를 마감하면서 한 가지 정리해야 할 문제가 있다. 육사가 의열단에 가입했는지 여부이다. 1980년대까지 육사에 대해 기록한 여러 편의 글들은 광복 이후에 편찬된 《기려수필騎驢隨筆》과 같은 기록을 근거로 삼아 그가 1920년대 중반에 이미 의열단원이 되었다고 기술하였다. 그런데 그는 의열단이 세운 군사간부학교를 다니고 졸업했지만, 정작 "의열단에 가입하지 않았다"고 단호하게 잘라 말했다. 이를 어떻게 생각하고 받아들여야 할까.

그가 남긴 일제의 심문 기록을 보면, 김원봉과 관련된 내용에는 대부분 갈등 관계로 표현하였다. 특히 윤세주 앞에서 김원봉을 비판하는 장면은 대단히 사실적이다. 사상적으로나 행적으로나 김원봉이 잘못하고 있다고 생각되는 부분을 과감하게 윤세주에게 털어놓았다고 그는 진술했다. 그래서 육사는 김원봉으로부터 소외되거나, 심하게는 스파이로 의심받는 일마저 생겼다고 말했다. 그러니 학원 전원을 4인 1조로 삼아 의열단 소조를 조직했지만, 자신만 거기에서 제외되었노라고 진술하기도 했다.

물론 그가 전략적으로 의열단원이 아니라고 내세울 법도 하다. 또 그렇게 이해하는 연구도 설득력이 있다. "끝내 가입원서는 내지 않았음이 사실이라 할지라도, 실질적으로는 의열단 단원이었다고 보는 것이 합리적 판단일 것이다"라는 주장이 그것이다.[176] 육사가 일제의 처벌 수준을 머릿속으로 계산하여 애써 김원봉과의 불화를 말하고, 의열단과 거리를 두는 진술을 거듭했으리라는 판단이 크게 무리해 보이지는 않는다.

이를 뒤집어 보면, 의열단원이 아닐 수 있다는 생각도 든다. 진술 곳곳에서 그가 기본적으로 김원봉의 사상과 행적에 불만스러워한 사실만은 분명해 보인다. 매우 구체적이고 논리적이기 때문이다. 만약 징벌의 수위를 낮추기 위해 그가 일부러 김원봉과의 불화를 앞세우고 의열단에 가입하지 않았다고 말했다면, 그것이 일제의 계산에 잡히지 않았을까? 육사가 거짓으로 진술하여 돌파구를 찾으려 해도, 일제 경찰이 쉽게 알아차릴 것이라는 사실을, 더구나 감옥을 숱하게 드나들었던 그로서는 일제의 속셈과 계산의 깊이를 모를 리 없었을 테니까. 그 정도의 말솜씨에 넘어갈 일제도 아니거니와, 그런 정황을 헤아리지 못할 육사도 아니지 않았을까.

의열단원이 아니라고 하여 징벌의 수위가 낮아졌을 것 같지는 않다. 이미 군사간부학교까지 졸업하고 국내로 침투한 그였다.

거기에 의열단원이라는 경력이 덧붙여진다고 하더라도 징벌의 수위가 훨씬 무겁게 덧붙여질 상황은 아닐 듯하다.

군사간부학교를 졸업하고 국내로 잠입한 사실이 모두 드러나 있는데, 의열단 가입 여부가 그리 중요한 변수로 작용하지는 않았을 것 같다. 그래서 크게 보면 육사가 의열단이 세운 군사간부학교를 나왔으므로 의열단의 범주에 속한다고 하더라도, 그가 의열단원이 된 것인지는 의문으로 남는다.

1933~1934년
— 국내 근거지 확보하다가 체포되다

1933년 루쉰과 만난 후 귀국.
1934년 경기도경찰부에 구속. 시사평론 활동.

"루쉰魯迅은 R씨氏로부터 내가 조선청년朝鮮青年이란 것과 늘 한번
대면對面의 기회機會를 가지려고 햇드란 말을 듣고 외국外國의 선배先輩 압히며
처소處所가 처소處所인 만치 다만 근신謹愼과
공손恭遜할뿐인 나의 손을 다시 한번 잡아줄 때는
그는 매우 익숙하고 친절親切한 친구이엿다."
—〈루쉰 추도문〉 중에서

상하이에서 루쉰을 만나다

육사는 5월 초·중순경에 난징을 떠나 상하이로 이동하였다. 기록에 따라 난징을 떠난 날짜가 5월 6일이라거나,[177] 5월 15일, 혹은 25일로 나온다.[178] 어느 경우든 그가 졸업 후 한 달 정도 난징에 머물다가 출발했다는 말이 된다. 일행은 그를 비롯하여 호영(문길환, 경남 동래)·이남해(이무용, 경남 동래)·왕권(김영배, 경남 동래)·류호(신중배(신병원), 경남 거창)·이원(평안도 혹은 경상도) 등 6명이었다.[180] 그런데 이들 6명 가운데 육사와 이원이 오전에 출발하고 나머지 4명이 오후에 출발하였다고 전하는 기록도 있고, 이들 중에 경남 동래 출신이 많다 보니 동기생 김공신은 이 귀국 팀을 가리켜 동래 출신들이라고 진술하기도 했다.[181]

상하이에 도착한 육사는 이들 5명과 더불어 의열단 간부인 한

일래韓一來의 집으로 갔다가,[182] 프랑스 조계 내 진링여관金陵旅館에 머물렀다. 자금이 부족하여 가진 돈 68원을 모아서 우선 이남해와 왕권 2명만 먼저 귀국시키고,[183] 다시 이춘암을 통하여 김원봉에게 송금을 요청하였다.[184] 이에 75원을 받아 2주일 뒤에 이원과 류호를 중국선을 이용하여 귀국시켰다. 끝으로 다시 윤세주에게 송금을 요청하였고, 이에 그가 7월 14일에 직접 상하이로 와서 빠른 귀국을 요구하면서 80원을 주었다. 이 돈으로 육사는 15일에 호영, 즉 문길환과 더불어 귀국길에 올랐다.[185]

육사는 상하이에서 중국의 대문호 루쉰魯迅을 만났다. 쑨원의 비서 출신이자 중국사회과학원 부주석인 양싱포楊杏佛의 장례식장인 완궈빈이쿠안萬國殯儀館를 방문했다가 우연히 그를 만나 인사를 나눈 것이다. 양싱포는 1933년 6월 18일 암살당했다. 육사가 그 장례식장을 찾았다는 사실은 곧 그의 성향을 말해 주는 것이기도 하다.

육사는 뒷날 루쉰과의 만남을 무척 감격스럽게 표현했다. 1936년 10월 19일에 루쉰의 사망 소식을 듣고서 그달 23일부터 29일까지 《조선일보》에 〈루쉰 추도문魯迅追悼文〉을 연재했는데, 이는 시문학에 관심을 가지기 시작한 20대 후반의 청년이 중국의 대문호를 만나고 느낀 감회를 고스란히 전해 준다.

그리고 그 뒤三日일이 지난 後後 R씨氏와 내가 탄 자동차自動車는 만국빈의사萬國殯儀社 아페 다엇다. 간단簡單한 소향燒香의

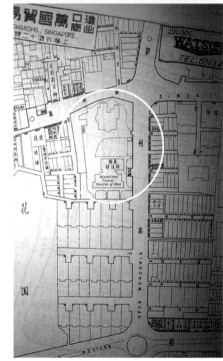

(위)
완궈빈이쿠안萬國殯儀館
현재 모습.

(아래)
완궈빈이쿠안 옛날 지도.
육사는 추도문에서 완궈빈이서
萬國殯儀社로 적었다.

예禮가 끗나고 도라설 때 젊은 두 여자女子의 수원隨員과 함게 드러오는 쑹칭링宋慶齡 여사女史의 일행—行과 가티 연회색軟灰色 두루막에 검은 마괘아馬掛兒를 입은 중년中年 늙은이 생화生花에 싸인 관棺을 붓들고 통곡痛哭을 하든 그를 나는 문득 루쉰魯迅인 것을 알엇스며 엽헤 섯든 R씨氏도 그가 루쉰魯迅이란 것을 말하고난 십분十分쯤 뒤에 R씨氏는 나를 루쉰魯迅에게 소개紹介하여 주엇다.

그때 루쉰魯迅은 R씨氏로부터 내가 조선청년朝鮮靑年이란 것과 늘 한번 대면對面의 기회機會를 가지려고 햇드란 말을 듣고 외국外國의 선배先輩 압히며 처소處所가 처소處所인 만치 다만 근신謹愼과 공손恭遜할뿐인 나의 손을 다시 한번 잡아줄 때는 그는 매우 익숙하고 친절親切한 친구이엿다.[186]

상하이에서 루쉰을 만나는 감격적인 장면은 그가 얼마 동안 상하이에 머물렀다는 사실을 확인시켜 준다. 또 여기에 등장하는 R이란 인물이 편집원編輯員으로 나오는 것으로 보아, 상하이에서도 문학 출판을 담당하는 인물을 만났다는 사실을 알 수 있다.

여기에서 그의 귀국일자에 대해 엇갈리는 기록이 있어 한번 짚어 보고 넘어간다. 그의 진술이나 경찰 기록은 모두 그의 귀국 시기를 7월 혹은 7월 15일로 잡고 있다. 이와 다르게 그가 1941년에 발표한 수필 〈연인기戀印記〉에서는 9월에 귀국한 것으로 회상하였다. 즉 앞에서도 이미 보았듯이 그는 9월 10일에 상하이에서 국

魯迅追悼文 (1) 李陸史

魯迅追悼文 (1) 李陸史

〈루쉰 추도문〉
《조선일보》1936년 10월 23일 자.
육사는 10월 29일까지
총 5회에 걸쳐 연재했다.

(위)
중국 상하이 훙커우공원(현재 루쉰공원)에 자리 잡은 루쉰의 동상.
1932년 4월 29일에 윤봉길 의거가 펼쳐진 곳이기도 하다.

(아래)
훙커우공원의
루쉰기념관.

내 침투를 앞두고 '최후의 만찬'을 가졌다고 했다. 그리고 그 자리에서 아끼던 비취 도장에다가 '贈S·一九三三·九·一0·陸史'라는 글귀를 새겨서 각별하게 여기고 있던 'S'에게 주었다. 이미 앞에서 밝힌 바 있는 것처럼, 여기에 등장하는 'S'가 석정 윤세주일 것이다. 그렇다면 윤세주가 상하이에 도착하여 그에게 귀국 자금을 주었고, 그 '최후의 만찬' 자리에서 이에 대한 보답으로 육사가 가장 아끼던 도장을 윤세주에게 주었다는 말이 된다.

윤세주는 7월 14일 상하이에 도착하여 자금을 주면서 귀국을 종용했다고 한다. 이미 6명 가운데 4명이 귀국한 뒤인 데다가 자신의 귀국 자금이 마련된 만큼 육사로서는 더 이상 귀국을 미룰

1929년 상하이 황푸탄 부두 모습.
육사는 이곳에서 안둥현(현 단둥시)으로 가는 배를 탔다.

수 없었을 것이다. 그러므로 7월의 귀국이 확실한 셈이다. 특히 동기생 김공신도 그들 6명이 미리 상하이로 출발하였고, 7월에 귀국한 것으로 진술했던 것을 보면, 육사의 귀국 시기를 7월로 보는 것이 옳겠다. 그렇다면 〈연인기戀印記〉에 나오는 9월은 어떻게 된 일인지 궁금하지 않을 수 없다. 이것은 그의 회상이 잘못되었거나, 아니면 음력일 것이다. 양력으로 9월 10일이 음력 7월 21일이므로 그럴지도 모르겠다. 그러나 대개 당시 일제의 신문조서들이 양력을 사용하고 있었으므로 그러할 가능성은 적다고 생각한다.

그는 동기생인 문길환과 동행하여 귀국길에 올랐다. 상하이에서 배를 타고 안둥현을 거쳐, 신의주로 귀국했던 것이다. 동행했던 문길환을 동래로 떠나보내고, 육사는 서울로 향했다.[188] 서울에 도착하자마자 그는 난징을 출발하기 전에 의논하고 계획을 세워 둔 그대로, 언론계 복직과 문필 활동을 벌이기 시작했다.

서대문 감옥에 갇히다

서울에 도착한 그는 재동 82번지 친구 류태하柳泰夏의 집에 2주일 동안 머물렀다. 이어서 재동 85번지 문명희文明姬의 집에 세를 얻어 지내면서,[189] 그런 틈에 고향 안동을 다녀가기도 했던 모양이고,[190] 서울에서 간부학교 동기생 윤익균을 만나기도 했다.[191] 1934년 2월에는 〈1934년에 임하야 문단에 대한 희망〉이란 글을

《형상》에 발표하여 자신의 위치를 드러냈다. 육사는 조선일보사에 있던 이상호李相昊에게 부탁하여 조선일보사 대구지국 특파원으로 채용될 수 있었다.[192] 그때가 귀국한 지 8개월이 지난 1934년 3월 20일이었다. 그가 중국에서 군사 간부로 육성된 결과를, 또 국내 공작원으로서 부여받은 사명을 행동으로 옮기는 첫걸음이 이제 시작된 것이다. 그런데 너무나 뜻밖에도 그는 대구로 출발하기 직전인 3월 22일에 경찰에 체포되고 말았다.[193]

그가 서울에서 활동처를 마련하고 방향을 잡아가는 동안 일본 경찰은 전혀 눈치채지 못한 것 같다. 왜냐하면 일본 경찰이 육사가 만주로 사라진 1932년 4월 이후 그를 추적하고 있었지만, 그를 찾아내지 못했던 사실을 보여 주는 자료가 남아 있기 때문이다. 실제로 일본 경찰은 "1932년 4월에 다시 만주를 갔으나 그 뒤에 소재불명이어서 요주의 인물로 수배 중에 있었음"이라고 기록했던 것이다.[194]

당시 경찰이 작성한 카드에는 검거 사유가 단지 '고등관계 조회용'이라 기록되어 있다.[195] 따라서 그가 군사간부학교 졸업 이후 아직 별다른 활동을 벌인 일이 없었다는 점을 확인할 수 있다. 그래서 3개월쯤 경찰의 취조를 받던 그는 6월 23일 기소유예 의견으로 석방되었다. 보기에 따라서는 상당히 일찍 풀려나온 것이다. 1기생으로서 훈련받았을 뿐 국내에서 아직 어떠한 활동 사실이 없고 또 뉘우치는 빛이 뚜렷하다는 명분 때문이었다. 그런데 그가 풀려난 직후인 1934년 7월 20일 자로 안동경찰서 도산陶山

경찰관 주재소에서 작성한 〈이원록 소행조서〉는 육사에 대해 다음과 같이 적었다.

배일사상, 민족자결, 항상 조선의 독립을 몽상하고 암암(위)리에 주의의 선전을 할 염려가 있었음. 또 그 무렵은 민족공산주의로 전환하고 있는 것으로 본인의 성질로 보아서 개전의 정을 인정하기 어려움.[196]

여기에서 한 가지 눈여겨볼 대목은 얼마간 만주에서 사라져 버린 육사의 행적을 기록하면서 '민족공산주의로 전환하고 있는 것'으로 파악한 부분이다. 군사간부학교를 다니는 과정에서 그의 사상적 변화가 경찰의 눈에도 파악되었다는 말이 된다. 그렇지만 이런 보고서가 나오기 한 달 전에 '개전의 정이 있다'는 명분 아래 육사는 풀려났고, 8월 31일에 기소유예 처분을 받고 사건이 완전히 끝이 났다.[197]

당시 육사가 체포되어 수감된 곳은 서울 명동에 있던 경성 혼마치本町경찰서였다. 이때 작성된 그의 신원카드가 남아 있어 그의 면모를 살필 수 있다. 이름은 이활李活, 이명異名은 이원삼李源三, 신분은 상민常民으로 기록되어 있다.[198] 그런데 직업이 '조선일보공방장朝鮮日報工房長'으로 적혀 있는데, 중국으로 가기 전에 《조선일보》 대구지국 기자였으니 신문사 이름은 이해되지만, 공방장은 정확하게 어떤 뜻인지 알 수 없다. 그의 키는 5척 4촌 5푼

(위) 육사가 체포되어 수감되었던 경기도경찰부 경성 혼마치경찰서(명동).
(아래) 육사가 감금되었던 서대문형무소.

인데, 1척을 30.3센티미터로 계산하면 165센티이므로 당시의 보통 키에 해당한다고 생각된다.

그가 검거된 이유는 "고등관계 조회용高等關係照會用"이라 적혀 있다. 이로 보아 그는 정치·사상범의 혐의가 있는 인물로 분류되어 체포되었고, 군사간부학교 졸업 이후 특별한 활동이 없어 아직 죄를 묻지 않는 처지였음을 알 수 있다. 더구나 '기타전과' 란에 '활活'이라는 글자가 적혀 있는데, 이는 그의 전과 사실이 아직 말소되지 않고 당시까지 남아 있다는 말이다. 그가 계속해서 요시찰 인물이며 수배 대상자였음을 알 수 있다.

1934년 6월 20일, 즉 그가 석방되기 이틀 전에 찍은 사진이 남아 있다. 서대문형무소에서 찍은 이 사진은 정면과 옆면 사진이 각각 한 장씩인데, 아직 미결수여서 머리카락을 기른 단정한 모습을 담고 있다. 6월 중순이 넘은 시기에 비해 좀 두꺼운 옷을 입었고, 안경을 벗은 얼굴은 약간 초췌한 느낌을 준다. 평소에 그가 안경을 쓴 이유는 시력이 나빠서가 아니라 멋 때문이었다고 전한다.[199] 그러니 안경을 벗고 있었다고 해서 불편함은 없었을 것이다.

군사간부학교 1기생 출신으로서 육사가 꿈꾸었던 국내 투쟁은 일단 중단될 수밖에 없었다. 그렇다고 그가 민족문제에 대한 관심을 완전히 포기한 것은 아니었다. 일본이 만주와 중국으로 팽창해 가는 1930년대 중·후반, 국내라는 정황적 한계 속에서도 다양한 활동을 전개하였고, 또 1940년대로 향하는 과정에서 남다른

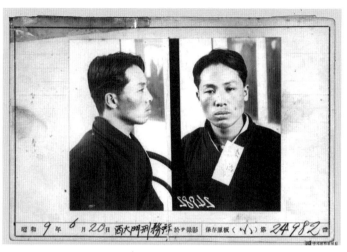

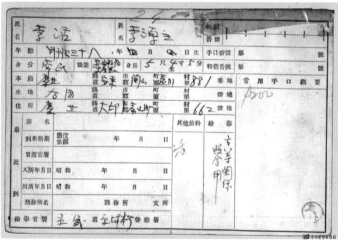

서대문형무소에서 촬영한 신원카드의 사진 앞면과 뒷면.
1934년 6월 20일 자로 작성되었다.

면모를 보이기 때문이다. 그런데 육사가 검거된 데에는 그의 처남인 안병철의 자수가 결정적으로 작용한 듯하다. 왜냐하면 귀국한 1기생 가운데 가장 먼저 자수한 인물이 안병철이었고, 그를 출발점으로 하여 귀국 활동을 하던 1기생들이 연달아 체포되었기 때문이다. 안병철이 군사간부학교 출신 가운데 최초로 1933년 11월 15일에 만주국 수도 창춘長春에 있던 신징헌병대新京憲兵隊에 자수한 뒤,[200] 1기생들이 연이어 체포당했다. 이무용과 김영배(1934. 1. 23), 문길환(1. 29), 육사(3. 22), 윤익균(3. 29) 등이 그들이고, 뒤따라 2기생들도 체포되었다. 또 1934년 6월과 10월 사이에 체포되거나 자수한 인물은 1기생 7명과 2기생 14명이었다.[201] 그러므로 국내 교두보 확보라는 김원봉의 계획에는 커다란 차질이 생긴 것이다.

이 때문에 육사가 처가를 무척 원망했다고 전해진다. 남도 아닌 동기생이자 자신의 처남이 투항하는 바람에 국내로 잠입했던 1, 2기생들이 줄줄이 잡혀 들어갔으니 곤혹스럽기 짝이 없었을 것이다. 아마 더러는 육사까지 거기에 연루된 것이 아닌지 의심했을 수도 있으니 그로서는 대단히 불편하고 화가 났을 것이다. 그래서 그가 처가에 발걸음을 끊었을 뿐만 아니라, 아내와도 사이가 불편해져 이를 회복하는 데 시간이 제법 걸렸다고 전해진다. 육사의 처가는 이 사건 이후 동네를 떠나 만주로 이사했다.

그런데 국내로 돌아온 후, 그의 행적에 대한 설명에서 커다란 오류가 하나 보인다. 육사를 다룬 글이나 전집은 그가 장편소설 현상공모에 응모하여 예선을 통과하였다고 한결같이 적고 있다. 육사가 쓴 글을 모은 자료에는 〈현상소설 예선당선자 근황懸賞小說 豫選當選者 近況〉이란 글이 실려 있다.[202] 이활李活이란 이름으로 《조선일보》 1933년 9월 20일 자에 실린 이 글을 두고, 육사가 장편소설도 썼다고 추정해 왔던 것이다. '일천 원'이란, 당시로서는 엄청난 거금을 걸고 조선일보사가 벌인 빅 이벤트였다. 여기에서 예선을 통과한 7명 가운데 한 사람으로 '이활'이란 이름이 등장한다. 그렇지만 이 '이활'은 육사와는 이름만 같은 사람, 즉 동명이인이었다. 여기에 등장하는 이활은 황해도 개성 출신으로서, 〈무화과無花果〉라는 제목으로 예선을 통과했으나 본선에서 떨어졌고,[203] 이후 문단에 그 이름이 다시 나타나지 않은 것 같다.

1930~1944년

—평론가·수필가·시인의 삶

1930년 〈말〉 발표.
1935년 《다산문집》 간행에 참여.
1937년 평문의 성격이 시사에서 문학으로 바뀜.
1940년 〈절정〉, 〈광인의 태양〉 등 발표.

"내 그를 맞아 이 포도를 따 먹으면
두 손은 함뿍 적셔도 좋으련

아이야 우리 식탁엔 은 쟁반에
하이얀 모시 수건을 마련해 두렴."
— 〈청포도靑葡萄〉 중에서

본격적인 글쓰기와 사회 활동

국내로 침투한 뒤, 육사는 잡지에 평론, 특히 시사평론을 발표하기 시작했다. 일반적으로 그가 시인으로 유명하기 때문에 그의 작품이 대다수 시에 집중되었을 것으로 생각하기 쉽다. 사실 내용을 들여다보면, 그렇지 않음을 알 수 있다. 물론 그의 작품 가운데 시가 가장 매력적이고 뛰어나기 때문에 그렇게 느끼고 또 그렇게 평가할 수 있다. 그렇지만 군사간부학교에 입학하던 무렵부터 시작하여 졸업한 뒤에 그가 힘써 쓴 글은 시사평론이 많았다.

1933년 4월, 곧 그가 난징에서 군사간부학교를 다니던 때, 서울에서 그의 평론문이 발표되었다. 〈자연과학과 유물변증법〉이란 글이 《대중大衆》 창간임시호에 게재된 것이다. 난징에서 글을 써서 보낼 틈도 없었을 것이고, 더구나 게재되지는 않았지만 목록에

한 편 더 있었던 것으로 보아, 그가 난징으로 가기 전에 미리 투고했던 것으로 짐작된다. 이 무렵 일제 경찰이 그가 '민족공산주의'로 변화해 가고 있다고 판단하고 있었듯이, 육사가 사회주의에 매력을 느끼고 이를 대중화하는 데 활동 목표를 둔 것으로 이해된다. 군사간부학교를 마치면서 그가 다짐했던 것은 도시 노동자층을 대상으로 공산주의 혁명의식을 고취하는 것이었다. 귀국한 이후 본격적으로 그러한 작업에 나선 일이 없고, 또한 경찰에 체포됨으로써 사실상 애당초의 목적 달성은 불가능했지만, 일단 그가 사상적인 변화를 보였다는 점만은 확인할 수 있는 셈이다.

육사는 풀려나자마자 역시 시사평론에 몰입했다. 기소유예 처분이 최종적으로 결정 난 다음 달, 즉 9월에 《신조선新朝鮮》에 중

장제스를 비판한
〈오중전회五中全會를 압두고
외분내열外分內裂의 중국정정中國政情〉을
발표한 《신조선》 9월호 표지.

국의 정세를 분석하면서 장제스를 비판한 〈오중전회五中全會를 앞두고 외분내열外分內裂의 중국정정中國政情〉을 발표했다. 이후 그는 수필·시 등의 작품들을 발표하기도 했지만, 1934년부터 1936년까지 2년 동안 시 4편과 수필 1편을 발표한 데 비해 시사평론은 8편으로 주류를 이루었다. 그 내용도 5편이 중국의 정치 동향이나 국민운동 및 농촌문제였는데, 〈루쉰 추도문〉까지 합하면 6편이 중국과 관련된 글이었다. 즉 중국 유학과 군사간부학교를 거치면서 다져진 그의 정치 인식을 보여 주는 것들이었다.

1930년에 시 1편과 평문 1편이 발표되었지만, 육사의 글쓰기 활동은 역시 1934년에 본격적으로 시작되었다고 말해야 할 것이다. 군사간부학교에 가기 전에 평문을 여러 편 쓰기 시작했다. 1931년 8월에 《조선일보》 대구지국 기자가 된 그는 이듬해인 1932년 1월 14일부터 26일까지 4회에 걸쳐 대구의 한약상이 밀집한 약령시를 집중적으로 다루었다. 〈대구의 자랑 약령시의 유래〉, 〈대구의 자랑 약령시와 경기〉, 〈약령시의 현재〉, 〈약령시의 장래〉 등이 그것이다. 이어서 3월 6일과 9일에 〈대구大邱 장 연구회研究會 창립을 보고서〉를 썼다. 여기에서 말하는 '장'은 '장치기'라고도 일컫는 것으로, 긴 막대기 '장채'로 나무 공인 '장방울'을 쳐서 승부를 겨루는 전통 놀이다. 서양에서 들어온 야구나 골프와 달리 언제 어느 곳에서도 즐길 수 있는 전통 놀이인 장치기를 국기國技라고 표현하면서 널리 퍼트려 제대로 국기가 되게 만들자고 주장하였다.[204] 이것은 단순한 놀이에 대한 글이 아니다. 당시 일본의 '식민주의적인 조선(한국)'을 강요하는 데 맞선 '조선 본위 운동', '조선학 운동'이 펼쳐지던 상황을 헤아려 보면, 이것은 민족운동 차원에서 나온 주장임을 알 수 있다.

이 글이 나온 뒤 그의 글은 사회운동 차원으로 강하게 변해 갔다. 군사간부학교로 떠나기에 앞서, 그러니까 1932년 4, 5월쯤 쓴 것으로 보이는 글이 1933년 4월 발간된 《대중》 창간임시호에 게재된 〈자연과학과 유물변증법〉인데, 이로부터 군사간부학교를 졸업하고 귀국한 다음 투옥되었다가 나온 1934년 가을 이후 1936년까지 집중적으로 시사평론을 썼다. 그러다가 1938년부터 1941년 사이에 발표된 6편은 조선 여성 문제·동서 문화 비교·영화·시나리오 문학·중국 문학사·중국 현대시 등이었으니 대개 문학평론임을 알 수 있다. 시詩 작품은 평문보다 한 해 뒤인 1935년부터 본격적으로 발표되었는데, 1938년에 가면 작품 수가 크게 증가한다. 그리고 1937년부터 수필이 꾸준히 발표된 것을 알 수 있다. 따라서 작품의 주류는 시·수필·평문 등 세 가지였다.

한 가지 눈에 띄는 대목은 1943년에 한시漢詩를 발표한 것이다. 다른 시가 있는 게 아니라 오직 한시만이 발표된 것인데, 이것은 일제가 한글을 사용하지 못하게 하는 데 대한 반작용이었다고 그와 가까이 지냈던 신석초申石艸가 전했다.[205]

1935년 봄에 육사는 위당爲堂 정인보鄭寅普 집에서 신석초를 만나 가까운 사이로 발전했다. 정인보가 《다산문집茶山文集》을 간행하기 위해 활동하고 있었는데, 이 일로 신조선사新朝鮮社와 인연

을 맺었고, 육사는 석초와 함께 편집에 참여했다. 그는 《신조선》
잡지의 편집 일에 손을 대기도 했는데, 이는 1934~1936년 사이
에 발표된 14편의 글 가운데 7편을 《신조선》에 게재하는 계기가
되었다. 이런 가운데 신석초와의 우정이 대단히 깊어졌고, 그리
하여 1943년 신정에 둘이서 눈을 밟으러 청량리에서 홍릉으로 나
갔다가 "가까운 날에 난 북경엘 가려네"라는 다짐을 남몰래 털어
놓게 되는 것이다.

이 과정에서 그는 〈춘수삼제春愁三題〉를 《신조선》 1935년 6월
호에 발표하면서 시작詩作 활동을 다시 시작하였다. 〈말〉이라는
작품을 5년 전, 즉 1930년 1월 3일 자 《조선일보》에 발표한 뒤로
쓰지 않았던 시를 다시 쓰게 된 것이다.[206] 그 뒤로는 주로 평문을

육사는 1936년 신석초와 함께 정인보가 주도하던 《여유당전서》 편집에 참여했다.

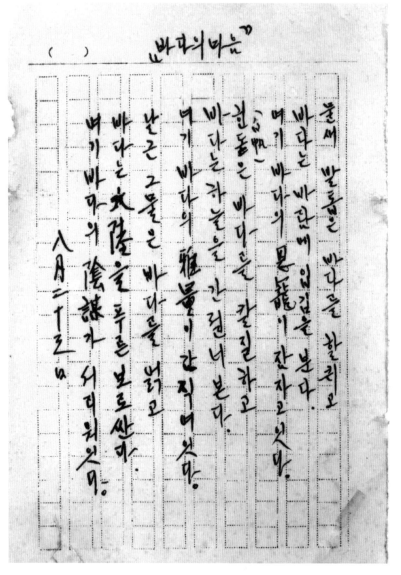

물새 발톱은 바다를 할퀴고
바다는 바람에 일검을 분다.
여기 바다의 문龍이 잔자고 잇다.
(음펴) 윈돌은 바다를 칼질하고
바다는 하늘을 간질러 본다.
여기 바다의 雅量이 간직어 잇다
난건 그물은 바다를 벜이고
바다는 大陸을 푸른 보로 쌋다.
여기 바다의 陰謀가 서리워잇다.

八月 二十二日 에

육사 친필 〈바다의 마음〉.

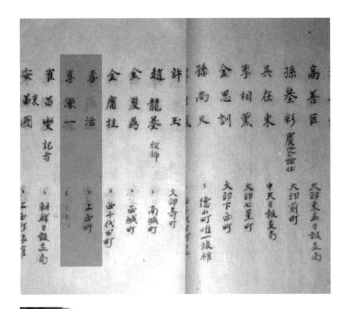

(위) 수봉 이규인의 장례식에 참석한 문상객 명부 《애감록》에
육사 이활과 동생 원일의 이름이 보인다.
주소가 《조선일보》 대구지국이 있던 상서정(지금의 상서동)으로 기재되어 있다.

(아래) 수봉정. 수봉정은 수봉 이규인이 1924년 빈민구제 및 교육사업과
독립운동가에 대한 지원을 위해 지은 정자이다.
이규인은 육사에게 독립운동 자금을 전달했다.

쓰던 그가 1935년에 들면서 평문이나 수필 등과 함께 다시 시를 본격적으로 발표하기 시작한 것이다.

1935년 5월 15일에 그는 다시 한번 그 지긋지긋한 경찰의 취조를 받아야만 했다. 군사간부학교 동기생 김공신이 체포됨에 따라 증인으로 조사를 받은 것이다.[207] 경기도경찰부에 증인으로 출두한 그는 1년 전에 사건이 종결되어 풀려났지만, 다시 군사간부학교 시절을 되뇌어 보는 기회를 가졌다. 그 5월에 몸이 아파 병원에 입원했고, 병상에서 쓴 시 〈황혼黃昏〉이 1935년 12월 《신조선》에 발표되었다.

황혼黃昏

내 골방의 커-텐을 것고
정성된 맘으로 황혼黃昏을마저드리노니
바다의 힌갈매기들 갓치도
인간人間은 얼마나 외로운것이냐

황혼黃昏아 네 부드러운 손을 힘껏내미라
내 뜨거운 입술을 맘대로 맛추어보련다
그리고 네품안에 안긴 모-든것에
나의 입술을 보내게 해다오

저—십이성좌十二星座의 반ㅅ작이는 별들에게도

종鍾소리저문 삼림森林속 그윽한 수녀修女들에게도

쩨멘트 장판우 그만흔 수인囚人들에게도

의지할 가지업는 그들의 심장心臟이얼마나 떨고잇슬가

〈고비〉사막沙漠을 끈어가는 낙타駱駝탄 행상대行商隊에게나

〈아푸리카〉 녹음綠陰속 활쏘는 〈인데안〉에게라도

황혼黃昏아 네부드러운 품안에안기는 동안이라도

지구地球의 반半쪽만을 나의타는 입술에 맛겨다오

내 오월五月의 골방이아늑도 하오니

황혼黃昏아 내알來日도 또又 저—푸른 커—텐을 것게하겟지

정정情情이 살어지긴 시내를 소리갓해서

한번 식어지면 다시는 도라올줄 모르나부다

  —오월五月의 병상病床에서

1936년에 또다시 1주일 동안 서대문형무소에 갇히는 일이 생겼다. 그가 잠시 만주에 가서 《조선일보》 대구지국 동료 기자이던 이선장李善長을 몽양夢陽 여운형呂運亨과 일헌一軒 허규許珪에게 소개하고 돌아왔는데,[208] 아마 이것이 빌미가 되었던 모양이다. 이선장은 가슴에 쌓인 이야기를 모두 털어놓을 동지요 동료였고, 허규는 외숙이었다. 그가 한빈 움직였다고 하면, 반드시 경찰에 끌려

유일하게 육사의 사인과 낙관이 찍힌
《예지와 인생》의 표지.
아래 서명(사인)은 이활李活이란 이름을 거울에
비춰 좌우가 뒤집어진 글씨를 비스듬하게 쓴
것임을 이육사문학관 손병희 관장이
공개하였다.

1946년 육사의 이름으로 출간된 시집.
※출처: 이육사문학관.

들어가 취조당해야 하는 고통스런 일들이 계속된 것이다.

1936년 7월, 그는 몸이 쇠약해져 동해송도원으로 가서 요양했다고 수필 〈질투嫉妬의 반군성叛軍城〉에 썼다. 그가 이 글에서 "나의 시골에서 그다지 멀지안은 동해송도원東海松濤園으로 요양療養의 길을 떠났읍니다"라고 쓰는 바람에 안동에서 가까운 '동해송도원'의 위치를 둘러싸고 논란이 많았다. 육사가 요양하려고 들른 해수욕장, 혹은 바다가 어디인가에 대해 의문을 품은 지방의 문인들이 서로 자기 동네임을 주장했던 것이다. 그런데 이 글을 자세히 뜯어 보면, 이런 구절이 있다.

어느 책사冊肆(서점−필자 주)에 들였다가 때 마츰《조선문인서간집朝鮮文人書簡集》이란 신간서新刊書가 놓였기에 그 내용內容을 펼처 보았더니 그 속에는 내가 여름 동안 해수욕장海水浴場에서 받은 편지 중中에 가장 주의注意했든 편지 한 장이 전문全文 그대로 발표發表되여 있었읍니다. 그런데 그 편지의 주인공主人公은 내가 해변海邊으로 가기 전 꼭 나오는 일거일동一擧一動을 같이한 〈룬펜〉(이것은 시인의 명예를 손상치 안습니다) 이든 나의 친애親愛하는 이병각군李秉珏君이었읍니다.

이병각이 쓴 편지를 살피면 동해송도원의 위치를 알 수 있다. 그래서 찾아본《조선문인서간집》은 1936년 11월에 초판이 발간되었는데, 이병각이 육사에게 보낸 편지가 전문 그대로 고스란히 실려 있음을 확인했다. 이병각은 경상북도 영양군 석보면 출신으로 그와 가깝게 지내던 시인인데, 〈육사형陸史兄님〉이라는 제목으로 편지를 보낸 것이다. 그 일부를 보면 이렇다.

포항浦港 갓다는 것은 내가 상경上京하야서 아럿습니다. 제弟가 스골 갓슬 적에 알앗든들 멀지 안케 형兄이 왓다면 불이야 불이야 가서 맛나 놀앗슬 것이나……요전에 온 편지에는 약藥을 다 먹고 9월초九月初에나 상경上京하시켓다니 용무用務는 중대重大한 용무用務임에 틀림없읍니다. 해수욕장海水浴場에서 보약補藥을 먹고…….[209]

첫머리에 육사가 가 있는 해수욕장 위치를 '포항'이라고 못 박고 있다. 이병각으로서는 고향 영양군 석보면에서 태백산맥 자락을 넘으면 영덕이요, 그 남쪽이 포항이니 야속한 마음도 들었을 것이다. 하여튼 육사가 요양차 가 있던 동해송도원이 포항의 바닷가라는 사실을 확인할 수 있다.

1936년 10월 루쉰의 서거 소식을 듣고 《조선일보》에 〈루쉰 추도문〉을 5회에 걸쳐 연재했다. 3년 전 군사간부학교를 졸업한 뒤 난징에서 국내로 돌아오던 길에 상하이에서 우연히 만났던 루쉰을 추모하는 글을 발표한 것이다. 이 추도문은 루쉰을 만났던 장면과 평소 흠모했던 육사의 심정이 고스란히 담긴 글이다. 이해 가을에 육사가 도쿄 교도마치經堂町 프렌드하우스Friend House에

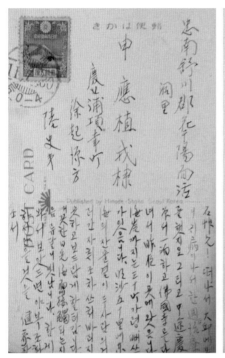

포항 서기원 집에서 석초에게 쓴 엽서(1936년 7월 30일).

※출처: 이육사문학관.

머물렀다고 전해지지만,[210] 무슨 일로 일본을 방문했는지 그 정황
에 대해서는 전해지는 바가 전혀 없다.

〈청포도〉와 〈절정〉

11월 18일(음10월 5일)에 대구에서 어머니의 회갑연을 열었다. 《시
경》에 나오는 〈빈풍칠월幽風七月〉을 적은 12폭 병풍은 그날 장면

육사의 어머니 회갑연 기념 병풍.
《시경》에 나오는 〈빈풍칠월〉 장을 쓴 12폭 병풍으
로 육사의 모친 회갑연에 쓰였다. 12폭에는 육사 형
제와 사촌형제의 역할이 적혀 있다. 장자인 원기는
배지(축하 글을 쓰다), 육사는 봉주(술을 올리다), 원일
은 경서(병풍 글씨를 쓰다), 원조는 창시(병풍 글을 읊
다), 원창은 채무(색동옷을 입고 춤추다), 육사의 사촌
인 원균은 헌화를 맡았다고 나온다.

을 보여 준다. 육사의 형 원기가 축하 글을 드리고[배지拜識], 육사가 술을 올리며[봉주奉酒], 원일이 병풍의 글씨를 썼고[경서敬書], 원조가 그 시를 노래하며[창시唱詩], 원창이 색동옷을 입고 춤을 추었고[채무彩舞], 그리고 육사의 사촌 원균이 꽃을 바쳤다[헌화獻花]. 모친으로서는 다양하게 뛰어난 능력을 가진 아들들을 두어서 가능한 일이었고, 형제들의 우애도 돋보인 잔치라고 여겨진다.

1937년에 들어 왕성하게 글을 썼다. 앞서 나온 〈질투의 반군성叛軍城〉(수필), 〈해조사海潮詞〉(시), 〈황엽전黃葉錢〉(소설)을 비롯하여 장르별로 여러 편의 글을 발표하였다. 이러한 추세는 1938년에서 1940년까지 이어졌다. 1938년 작품으로 대표적인 것만 헤아려도 시 〈전조기剪爪記〉, 〈초가〉, 〈강 건너간 노래〉, 〈아편〉, 수필 〈계절의 오행〉, 평론 〈조선 문화는 세계 문화의 일륜一輪〉 등이 눈길을 끈다.

1939년 1월 13일(음 1938년 11월 29일) 부친 회갑연을 대구에서 가졌다. 앞서 모친의 회갑연과 비슷한 절차가 있었으리라 짐작은 되지만, 자료가 남아 있지 않다. 그런데 여기에 신석초를 초대했던 모양이다. 회갑연이 끝난 뒤 육사는 신석초 · 최용崔鎔 · 이명룡李明龍과 함께 경주를 여행했다.[211] 1939년에도 그의 작품 활동은 활발했다. 종암동鍾岩洞 62번지(2019년 '문화공간 이육사'가 세워짐)로 이사한 그는 8월 잡지 《문장文章》에 대표작 가운데 하나인 〈청포도靑葡萄〉를 발표했다.

1938년 불국사 여행.
(위) 최용, 석초, 육사. (아래) 친지와 함께. 왼쪽 끝이 원기 형이고,
앞줄 오른쪽에 앉아 있는 이가 육사이다.

청포도靑葡萄

내 고장 칠월七月은
청포도가 익어가는 시절
이 마을 전설이 주저리 주저리 열리고
먼데 하늘이 꿈꾸려 알알이 들어와 박혀

하늘 밑 푸른 바다가 가슴을 열고
흰 돛단 배가 곱게 밀려서 오면

내가 바라는 손님은 고달픈 몸으로
청포靑袍를 입고 찾아 온다고 했으니

내 그를 맞아 이 포도를 따 먹으면
두 손은 함뿍 적셔도 좋으련

아이야 우리 식탁엔 은 쟁반에
하이얀 모시 수건을 마련해 두렴[212]

육사는 이 〈청포도〉를 가장 아끼는 작품이라고 말했다 한다.
1943년 7월에 경상북도 경주 남산의 옥룡암으로 요양차 들렀을
때, 먼저 와서 요양하고 있던 이식우李植雨에게 털어놓은 말이다.

육사는 스스로 "어떻게 내가 이런 시를 쓸 수 있었을까?" 하면서, "'내 고장'은 '조선'이고, '청포도'는 우리 민족인데, 청포도가 익어 가는 것처럼 우리 민족이 익어 간다. 그리고 곧 일본도 끝장난다"고 이식우에게 말했다고 한다. 이 말은 사실에 가깝다고 생각된다. 즉 그가 일본의 패망과 조선의 독립을 확신하고 있었다는 말인데, 1940년대 그의 행로가 바로 이러한 신념과 확신에서 우러나온 것임을 알 수 있다.

〈청포도〉를 발표하던 무렵, 그는 말술을 마시는 호주가로 소문나 있었다. 물론 그 시절이 육사를 비롯한 대부분의 문인들로 하여금 술을 마시게 만들기도 했지만, 가장 가까이 지낸 문인 가운데

포항 〈청포도〉 시비.

대표적인 신석초는 그를 가리켜 '대주호'라고 표현할 정도였다.

그 무렵 동대문 안에는 우리의 단골 술집인 찹쌀 막걸리 집이 있었다. 하얀 밥알이 동동 뜨는 막걸리다. 이것을 우리는 '동동動動'이라 불렀었다. 물론 고려가사 〈동동〉에서 나온 이름이다.
어느 날 꼭두새벽에 그곳에서 해장을 하게 되었는데(아마도 어느 요정에서 밤을 새고 나온 때이리라) 그는 곱빼기로 연거푸 아홉 사발을 마시고도 끄떡하지 않는 것을 보고 나는 새삼 놀라지 않을 수 없었다. 그는 이렇듯 주량이 컸었다. 그러나 취하지 않는 주호였다. 밤이 새도록 마셔도 싫어하지 않았지만 떠들지도 않았다. 만취하면 조용히 잠자는 것이 고작이다.[214]

이런 대주호이면서도 육사는 작품 속에 술을 들여놓지 않았다. 대주호였던 중국의 이백李白은 작품마다 술로 장식했지만 육사는 그렇지 않았다고 신석초가 말했다. 또 신석초는 육사가 시를 쓰면서도 항상 간직하고 있는 한마디가 있었다고 전한다. 즉 《시경詩經》에 나오는 "낙이불음樂而不淫 애이불상哀而不傷", 즉 '즐거워도 음하지 않고, 슬퍼도 상하지 않는다'는 구절이 그것이다.[215] 이 한마디가 작품 속에서나 술 마시는 가운데에서도 일관되게 흘렀다. 이러한 그의 자세는 단지 문학이나 음주 습관만이 아니라 독립운동의 과정에서도 변함없이 작용했던 것으로 생각된다.
1940년에서 이듬해 사이에 가장 많은 작품들이 쏟아져 나왔다. 1939년의 대표작이 〈청포도〉였다면, 1940년에 들어서자마자 1월에 《문장》지에 〈절정絕頂〉을 발표하여 서정적인 〈청포도〉와는 전혀 다른 이지적이고도 강렬한 의지를 드러냈다.

절정絕頂

매운 계절季節의 챗죽에 갈겨
마츰내 북방北方으로 휩쓸려오다

하늘도 그만 지쳐 끝난 고원高原
서리빨 칼날진 그우에서다

어데다 무릎을 꾸러야하나?
한발 재겨디딜 곳조차 없다

이러매 눈깜아 생각해볼밖에
겨울은 강철로된 무지갠가보다.

문단 생활 외에도 육사는 1930년대 중·후반에 대구 지방 언론인 단체인 칠조회七鳥會에도 가입하여 활동했다. 칠조회는 1933년경에 조직된 대구 지방 기자들의 친목 협조, 권익 옹호를 위한 모임이었다. 이 단체는 송기찬宋箕贊(《동아일보》)·이선장(《조선일보》)·이능식李能植(《대구일보》) 등의 주동으로 발기되고, 7인으로 발족된 조직이었다. 한응렬韓應烈(《남선경제신문》)·윤병은尹炳殷(《관문關門과 경북慶北》)·이춘득李春得(《매일신보每日申報》)·석보石輔(《조선민보》) 등이 출발 당시 멤버였다. 육사는 나중에 조선일보사 소속으로서 추가로 입회하였다. 그와 함께 입회한 인물은 김윤곤金潤坤(《중앙일보》)·손기채孫基彩(《경북공론》)·이동우李東雨(《조선일보》)·이상조李相祚(《조선민보》) 등이었으며, 뒤에 오재동吳在東(《조선일보》)도 참여하였다. 그런데 이 회는 구성원을 통해 알 수 있듯이 대구 시내에서 활동하는 한인 기자들이면 누구나 희망에 따라 입회할 수 있었다. 그것은 일본어 신문인 《대구일보》·《조선민보》의 기자와 종업원도 회원이었고, 일간지가 아닌 《관문과 경북》·《경북공론》의 기자도 회원이었던 것으로 보아 알 수 있다.[216]

문인들과 함께한 술자리.
오른쪽에서 두 번째가 육사이며 첫 번째가 노전명이다.

(위)
이육사와 친구들. 뒷줄 왼쪽이 육사이다.
※출처: 이육사문학관.

(아래) 1940년 여름 퇴계원역에서
조풍연과(※출처: 《주간여성조선》).

蒼耀雅兄 惠存

一九四二年四月廿九日生朝 陸史才微呈

(위)
1941년 육사가 생일날(4. 29, 음4. 4)
조규인에게 준 것이자 자료에 나타난
마지막 사진이다.
※출처: 이육사문학관.

(아래)
이원일, 조규인, 이육사.
앞줄 왼쪽이 조규인이다.
※출처: 이육사문학관.

1930년대 말 들어 육사와 아내 사이가 모처럼 좋아진 것 같다. 처음부터 썩 내킨 결혼이 아니었다고 한다. 신문화를 꿈꾸던 그였기에 전통적인 색깔의 아내에게 크게 흥미를 갖지 못한 것 같다. 게다가 처남의 자수 사건 이후, 그는 처가를 부정하고 아내를 돌아보지도 않았다. 그러나 시간이 흐른 뒤, 부부 사이에 다시 화목한 기운이 회복되었던 모양이다. 1939년에 딸 경영京英이 태어난 것을 보면 그런 듯하다. 하지만 안타깝게도 딸은 곧 사망하였다. 앞서 1930년에 첫아들 동윤東胤을 얻었다가 만 2년 만에 잃었던 그였으니, 참 자식 복이 없는 셈이었다. 다행스럽게도 1941년 3월 27일(음2월 3일) 딸 옥비沃非를 얻었다. 간절히 바라던 아이였기에 육사는 '간디 같은 여자가 되어라'면서 옥비라는 이름을 지었다. 출생 신고는 1년 9개월 지난 1942년 12월에 육사가 직접 하였다. 옥비가 태어날 무렵 그의 주소지는 서울 명륜정明倫町 3가丁目 57의 3호였다. 앞서 육사의 부모님도 1940년 가을에 서울로 이사한 것으로 추정된다.[217]

1940년 10월(음9월) 육사는 신석초의 초대를 받아 부여를 다녀왔다. 한 해 앞서 1939년 1월에 신석초가 육사 부친의 회갑연에 다녀간 것의 답방인 셈이다. 1941년 5월 21일(음4월 26일) 부친상을 당했다. 하지만 육사는 장례와 상례에 오래 매달릴 수 없었다. 폐질환이 그를 괴롭혔기 때문이다. 그래서 초여름에 그는 경주로 갔다.

육사가 요양하던 곳으로 '경주 S사寺'라 적었는데, 이곳은 다름 아닌 옥룡암이다. 현 경상북도 경주시 배반동 남산 탑곡에 자리 잡은 옥룡암은 본래 신인사神印寺였다. 이곳에는 네 방향으로 불상과 보살상 11구, 그리고 7층탑과 9층탑이 새겨져 있는 네모난 큰 바위가 있다. 경주 남산에서 경주박물관을 향한 골짜기이므로 경주박물관에서 가까운 편이다. 육사가 그때 쓴 〈산사기山寺記〉에서 "그대가 일찍이 와서 본 일이 있는 S사에 와서 있는 것이다"라고 표현하기도 했고, 이 무렵 '옥룡암'에서 육사를 만난 시인 박훈산의 회고 자료도 있어 그러한 사실을 알 수 있다.[219]

요양에 들어갔던 육사는 얼마 뒤에는 서울로 옮겼다. 시골 의사에게 치료할 약이 없었기 때문이다. 그러고는 성모병원에 입원

육사가 요양하던 옥룡암.
큰 바위에 탑과 불상이 가득 새겨진 곳으로 유명한 신인사神印寺가 있던 곳으로,
국립경주박물관에서 가까운 남산 사락의 탑곡에 있다.

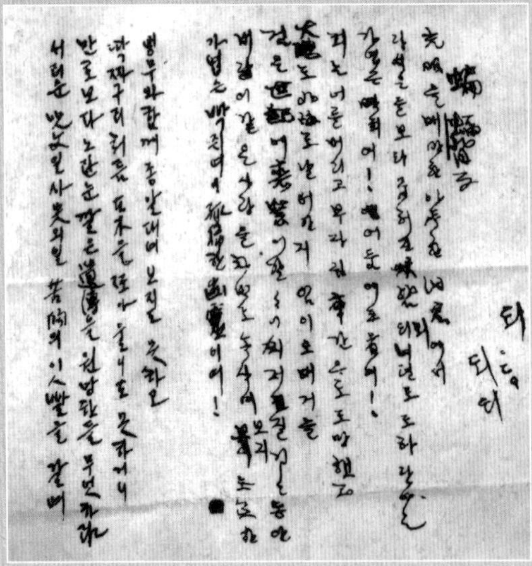
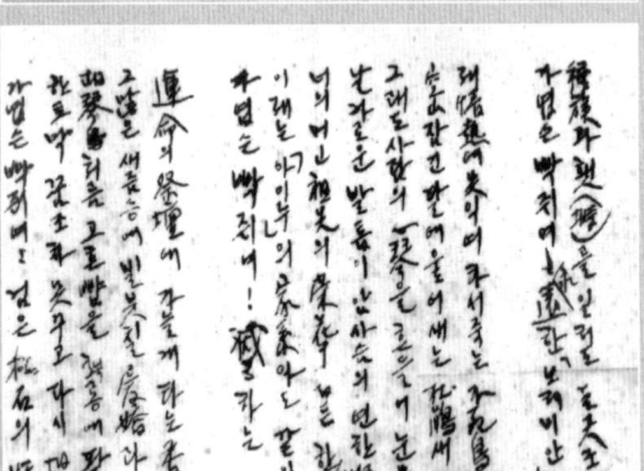

육사 친필 원고인 〈편복〉.
편복은 박쥐를 가리킨다. 일경에 압수되었다가
해방 후 되찾은 것이다.

했다. 이 무렵에도 창작은 멈추지 않았다. 〈파초〉(시)를 발표한 것도 이때였다. 1942년 2월 퇴원하였는데, 6월 12일(음4월 29일) 모친마저 세상을 떠났다. 한 해 사이에 부모를 모두 잃은 것이다. 그것도 부친의 소상을 치를 무렵이었다. 두 달 남짓 지난 8월 24일 (음7월 13일) 형 원기마저 사망했다. 부친상(1941년 5월) 한 해만에 모친상(1942년 6월)을 당하고, 다시 두 달 만에 형을 잃었다. 기가 막힌 나날이 아닐 수 없었으리라.

육사는 모친상 직후에 경주로 가서 옥룡암에서 요양에 들어갔다가, 형의 소식을 듣자마자 상경한 것으로 보인다. 바로 그 사이인 7월 10일 자로 육사가 신석초에게 보낸 편지에서 "석초 형, 지금 내가 있는 곳은 경주읍에서 불국사로 가는 도중의 십리허十里許에 있는 옛날 신라가 번성할 때 신인사神印寺의 고지古址에 있는 조그마한 암자庵子이다"라고 썼다.[220] 또 충남 서천군 화양면으로 신석초에게 시조를 적은 엽서 한 장을 보냈던 때가 8월 4일이었다.

형의 장례를 치른 뒤 육사는 외삼촌 허규가 은거하고 있던 수유리에서 요양하였다. 그때 쓴 수필 〈고란皐蘭〉이 그 시절의 작품이다. 그가 경주나 포항에 들렀다가 상경하는 길에 처가 동네가 있던 영천에 들른 일이 있는 것 같다. 백학학원 동기생들이 남아 있던 영천에 들른 차에 어린 학생들 앞에서 돌아다니는 개를 가리키며 "저 개처럼 사는 것이 가장 편한 일이다. 그렇지만 그렇게 살아야 할까?"라면서, 인간답게 살아가는 길을 말해 주었다는 이야기가 당시 학생이었던 노인들의 입을 통해 전해지고 있다.

1933~1936년

—시사평론에 보이는 그의 시대 인식

1933년 〈자연과학과 유물변증법〉 게재.
1934년 〈국제무역주의의 동향〉 게재.
1935년 《신조선》 편집에 참여.
〈공인 "깽그"단 중국청방비사소고〉 게재.
1936년 〈루쉰 추도문〉 게재.

"국민당國民黨의 치하治下에서 상하이上海의
'깽'들만은 모든 악습惡習과 범죄犯罪의
대비밀결사大秘密結社를 만들어 가지고 가장 대담大膽하게
한 세력勢力을 위爲하야 다른 한 세력勢力을 궤멸潰滅하기에
난폭亂暴하게 상해上海의 지붕 밑을 도라단이는 것이다."
— 〈공인"깽그"단 중국청방비사소고〉 중에서

시사평론가로서의 육사

앞서 말했듯이, 육사의 작품으로는 보통 시를 떠올린다. 연구자들은 오랫동안 저항시인이라는 이야기만 할 뿐, 연구자들은 지금까지 그가 발표했던 글에서 시대 인식을 보여 주는 자료에 대해서는 주목하지 않고 지내 왔다. 그런데 그의 작품들을 보노라면 이를 알려 주는 자료가 여러 편 있음을 알 수 있다. 그것이 바로 1930년대 중반기에 집중적으로 발표한 시사평론들이었다.[223]

육사는 1930년대에 산문으로는 두 편의 서평書評을 제외하고 모두 19편의 평문評文을 썼다. 처음에는 문학평론이 아닌 시사평론만 발표하였는데, 그것이 모두 12편이나 되었다. 그 가운데서도 군사간부학교 입교 이전에 쓴 1편과 재학 시절 2편을 제외하면 나머지 9편은 졸업 이후 국내로 파견되어 온 이후에 발표된 것이다. 이 가운데 군사간부학교 재학 시기에 발표된 것은 입교 이전에 미리 보내 온 것으로 짐작된다. 1936년까지 발표된 평문은 모두 문학평론이 아닌 시사평론이었다. 한 가지 재미있는 사실은 〈루쉰 추도문〉을 제외한 나머지 9편의 시사평론은 대부분 '이활'이라는 이름을 썼다는 사실이다.[224]

특히 군사간부학교를 졸업하고 국내로 파견되어 온 이후 2년 동안에는 주로 평문을 발표했다. 군사간부학교에 입학하기 위해 난징으로 떠나기 전에 1편을 썼는데, '이활·대구 264'라는 이름으로 〈대구사회단체개관〉을 발표한 것이라고 이미 앞에서 밝혔다. 이 글은 대구청년동맹·대구소년동맹·신간회 대구지회·근우회 대구지회·경북형평사 대구지사·경북청년동맹 등 대구의 사회운동 단체들의 동향과 현상을 정리한 것으로, 감정 이입을 절제하고 있기는 하지만, 왕성한 활동을 기대하는 바람을 적었다.

그리고 군사간부학교 재학 시절에 두 편의 글을 썼고, 그 가운데 한 편만 원문이 게재되었다. 〈자연과학과 유물변증법〉이 발표된 글이고, 〈레닌주의철학의 임무〉는 수록되지 못한 목록에만 들어 있다. 이것이 실린 《대중》 창간임시호는 김약수가 창간사를 썼고, 이갑기가 〈'대중'의 계급적 의의〉를 쓰면서 발간에 앞장섰다.[225] 이갑기는 1931년 1월 육사와 함께 대구경찰서에 레닌 탄생일 기념 격문 사건이라는 혐의로 붙잡혀 고생했던 동지다.[226]

육사는 레닌의 이론을 기본으로 하여 자연 영역의 것을 무비판적으로 사회 영역에 이입할 수는 없다고 전제하고, 자연과학적 유물론을 사적 유물론으로 확대시키는 일이야말로 인류의 해방 전쟁에 있어 최고의 무기라고 말했다. 또 육사는 레닌이 자연과학의 철학적 근거를 변증법으로 파악하였고, 마르크스와 엥겔스에 의해 지시된 변증법을 더욱 구체적으로 발전시켰다고 평가했다. 이처럼 육사가 레닌을 높이 평가하는 글을 발표한 이유가 그의 국내 활동 목적과 어느 정도 관련이 있을 것이라 생각된다. 또

육사가 발표한 시사평론 목록

필명	제목	수록지	발표 시기
李活·大邱二六四	大邱社會團體槪觀	별건곤	1930. 10
肉瀉生	대구의 자랑 약령시의 유래	조선일보	1932. 1. 14~26(4회)
李活	大邱 장 硏究會 창립을 보고서	조선일보	1932. 3. 6~9(2회)
李活	自然科學과 唯物辨證法	대중	1933. 4
李戮史	레닌주의철학의 임무	대중	1933. 4(미수록)
李活	五中全會를 압두고 外分內裂의 中國政情	신조선	1934. 9
李活	國際貿易主義의 動向	신조선	1934. 10
李活	1935년과 露佛關係展望	신조선	1935. 1
李活	危機에 臨한 中國政局의 動向	개벽	1935. 1
李活	公認 "깽그"團 中國靑帮秘史 小考	개벽	1935. 3
	中國의 新國民運動 檢討	비판	1936. 4
李活	中國農村의 現狀	신동아	1936. 8
李陸史	魯迅追悼文	조선일보	1936. 10. 23~29(5회)

*이 표는 박현수, 《원전주해 이육사 시전집》, 예옥, 2008, 271~287쪽의 생애와 작품연보를 근거로 작성함. 서평과 문화평론은 제외함.

군사간부학교에서 받은 교육의 영향이 생생하게 살아 있음을 보여 주는 것으로 이해되기도 한다. 그런데 그는 이 글의 인쇄를 마치기도 전에 검거되었고, 8월 말에 기소유예 처분이 확정될 때까지 더 이상 글을 발표하지 않다가 이후 곧바로 잡지에 시사평론을 기고하는 데 몰입하기 시작했다.

국내로 잠입하여 일경에 붙들렸다가 풀려난 뒤 그는 다시 시사평론 쓰기에 나섰다. 특히 기소유예 처분이 완결된 직후에 그는 《신조선》에 본격적으로 시사평론을 게재하기 시작하였다. 이번에는 중국에 관한 문제를 집중적으로 다루었다. 이 글들은 전반적으로 중국국민당 노선에 대해 부정적인 시각을 보여 주었다. 그는 장제스를 독재자로 규정하였고, 그 독재성이 앞으로 더욱 강화될 것으로 전망하였다. 그리고 그 앞길에 많은 장애가 나타나고 있으며, 농민들이 경제투쟁에서 정치투쟁으로 전환해 가고 있다고 진단하였다.

장제스. 이육사는 〈오중전회五中全會를 앞두고 외분내열外分內裂의 중국정정中國政情〉이란 글을 통해 장제스를 반민중적 독재자로 정리하고 그의 정책을 예리하게 비판했다.

육사의 정세 인식

먼저 중국 정세와 관련된 글부터 살펴보자. 〈오중전회五中全會를 앞두고 외분내열外分內裂의 중국정정中國政情〉이란 글은 중국국민당의 제5차 전국대표대회 예비회의인 여산회의盧山會議가 열린다는 소식을 접하고 중국의 정국을 분석한 것이다. 전반적으로 장제스의 정책을 예리하게 비판하고 그를 반민중적인 독재자로 평가한 것인데, 육사의 주장을 요약하면 다음과 같다.

첫째, 이 회의가 표면으로는 북중국의 현안 문제 해결과 만주사변 이후 대일본 문제 및 제5차 전국대표대회 대책 마련이지만, 실제로는 서남파에 대한 회유책, 변경 지역 문제, 지앙시성과 푸젠성의 홍군 문제 등이라고 분석하였다. 둘째, 대일 외교 방침의 주요 부분이 북중국에 관련된 것이지만, 문제가 해결된다 하더라도 서양 열강들의 대립만 첨예해진다. 셋째, 중국 경제부흥을 위해 중국건설은공사中國建設銀公司가 설립되고 있는데, 여기에 일본의 협조가 필요하지만 일본이 반대하고 있고, 또 일본이 지원한다고 하더라도 반대 세력이 있어 분쟁이 그칠 수 없을 것이다. 넷째, 천지탕陳濟棠과 후한민胡漢民으로 대표되는 서남 세력이 여산회의에 참가하지 않고 장제스의 독재를 견제할 것이다. 다섯째, 장제스와 왕자오밍汪兆銘(행정원장)의 친일 외교를 민중들이 달가워하지 않고, 이들 장왕蔣汪 합작 이후 외교문제가 제대로 해결된 것이 없다. 끝으로 푸젠성의 공산군을 장제스가 참혹하게 공격하고 있는데, 그 무기와 장비가 만리장성의 대일본 전선에 비해 월등하다.

이와 비슷한 주제로 〈위기에 임한 중국의 전망〉이란 글이 있다. 육사는 중국국민당의 문제가 동북과 소비에트 두 가지라고 정리하고, 장제스가 국난을 이용하여 중앙정부를 독재 조직으로 전향하고 당내 독점을 이루었다고 밝혔다. 당내의 여러 조직 가운데 CC단이 가장 강하고 이를 뒷받침하는 것이 남의사藍衣社인데, 이것은 장제스의 사병 집단이며 삼민주의를 종지宗旨로 삼는다고 하였다. 따라서 장제스는 사병 집단을 바탕으로 당권을 장악하고, 또다시 이를 기초로 하여 정국을 한 손에 틀어 쥔 독재 세력을 형성했다고 육사는 분석하였다. 또 그는 24개 지방행정장관 가운데 21명이 군인이고, 반半식민지 중국의 파시스트 통치 형태를 보이고 있으며, 장제스 반대 세력들도 필연적으로 여기에 지배될 것이라고 내다보았다.

〈공인 "깽그"단 중국청방비사소고〉는 상하이의 갱조직인 '청방'을 소개하면서 장제스 정부의 부도덕성을 폭로한 글이다. 상하이 갱단의 대표 두웨성杜月笙·후앙진릉黃金榮·장쑤린張肅林 등이 상하이 프랑스 조계의 실질적인 지배자인데, 1928년까지 유망 집단이다가 장제스 정부가 이끄는 해방군이 상하이에 도착한 이후 두 세력이 결탁하여 상하이 남녀 6천 명을 희생시키고 노동자를 압박·착취했다고 평가하였다. 육사는 또 이후 갱단이 국민당의 계급적 기초가 되고, 때문에 정부가 상하이 지역 공산주의자들을 억압하기 위해 두웨성에게 관직을 주었다고 분석하였다. 갱단의 유지 기반은 아편 밀매와 노동자 착취였기 때문에 자금 공급과 자유로운 아편 운반이 서로 보장되었다면서, 그는 노동조합 자체가 갱들의 손안에 들어 있고 두목이 당치黨治에 참여하여 지도자로 활약함에 따라 범죄단체가 되었다고 주장하였다. 청방 지도자들의 비리와 범죄행위를 육사는 이렇게 결론지었다.

상해사변上海事變에는 이삼인二三人의 청방두목靑帮頭目들은 19로군十九路軍에게 무기武器를 공급供給한 대상代償으로 거대巨大한 돈버리를 할 수가 있엇다 일체一切의 회합會合과 행렬行列과 결사結社와 언론言論이 용서容恕되지 안는 국민당國民黨의

"깽그"단의 삼대 거두.
⟨공인 "깽그"단 중국청방비사소고⟩는
상하이의 갱조직인 '청방'을
소개하면서 장제스 정부의
부도덕성을 폭로한 글이다.

치하治下에서 상하이上海의 '깽'들만은 모든 악습惡習과 범죄犯罪의 대비밀결사大秘密結社를 만들어 가지고 가장 대담大膽하게 한 세력勢力을 위爲하야 다른 한 세력勢力을 궤멸潰滅하기에 난폭亂暴하게 상해上海의 지붕 밑을 도라단이는 것이다.

〈중국농촌의 현상〉은 농촌의 몰락으로 인해 정권에 대한 농민의 저항이 정치투쟁으로 나아가고 있다고 분석한 글이다. 그는 중국의 산업이 원시적 자본주의이며, 외국 상품에 의해 농촌의 가내공업이 철저하게 파괴되면서 열강의 원료국으로 전락해 가고 있다고 분석하였다. 또 육사는 중국이 통일 시장을 형성하지 못해 외국 상품자본 활약에 절호의 기회를 제공하고 있으며, 1,300여 종의 잡세로 대변되는 가렴주구, 지주와 상업자본가의 고리대 및 수해라는 것이 삼위일체를 이루어 농촌을 황폐화시키고 있다고 주장하였다. 중국 농촌의 몰락이 농업 중국의 파멸을 의미하며, 일반 농민이 현 정권에 대한 부정적인 인식을 보이고 있다고 주장한 육사는 중국 농민의 투쟁 성격이 경제투쟁을 정치투쟁으로 옮아 가고 있다고 파악하였다.

다음으로 국제관계에 대한 글을 보자. 〈국제무역주의의 동향〉은 세계가 바야흐로 관세전쟁으로 들어서고 있다고 주장한 글이다. 그는 관세정책의 변화를 고찰하면서 세계적으로 관세정책이 최혜국주의에서 박애주의로, 협정관세에서 법정관세를 거쳐 카르텔 관세로 변하였고, 최근에는 모든 국가가 구제관세로 전환함으로써 세계가 관세전쟁으로 나아가고 있다고 이해하였다. 이 글은 육사가 국제무역과 관세정책을 분석하여 세계 정국을 진단한 것인데, 세계 경제에 대한 그의 높은 안목을 보여 주는 것이라 할 수 있다.

〈1935년과 노불관계전망〉은 소련에 대한 영국과 프랑스의 정책 및 국제 구도를 분석한 글이다. 육사는 먼저 노불조약 체결 소식을 접하면서 소련에 대한 정책에 있어 영국과 프랑스의 주도권 장악 노력을 비교하였다. 육사는 영국이 소련 주변의 소국가들에 금융·군사·외교 등 여러 방면으로 노력을 퍼부었지만 결국 프랑스가 주도권을 장악했다고 판단하였다. 이어서 그는 히틀러의 출현으로 위기에 놓인 베르사유조약을 수호하기 위해 프랑스가 소련을 필요한 지지자로 판단하고 있으며, 베르사유체제가 유지된다면 두 국가의 관계가 지속될 것이라고 전망하였다.

이들 시사평론을 보면, 육사의 정치적 안목이 다양하고 정밀했다는 생각이 든다. 중국에 대한 부분은 교육과정을 통해 쌓은 지식과 판단이라고 할 수도 있지만, 관세문제나 유럽 정세 분석은 그가 세계 정세의 변화를 제대로 읽어 가고 있었음을 보여 주는 것이다. 다만 이러한 글들은 검거 직후 유물론을 발표했던 것과는 다소 성격을 달리한다. 기소유예 처분을 받으면서 활동이나 논지에 제한을 받은 것이 아닌가 생각된다.

1943년~

—친일의 물결 헤치고 투쟁의 길로

1943년 베이징으로 이동.
항일투쟁 전개.
1944년 베이징에서 순국.

"우리는 불안한 예감으로 마음을 졸이며 기다렸다.
과연 밤 늦게야 그의 아우가 와서 육사는 헌병대가 와서 체포하여
북경으로 압송해 갔다는 말을 전한다. 우리는 절망하였다.
그리고 분통과 충격으로 한동안 묵연하여
술잔을 들지 못하였었다."
— 신석초가 남긴 육사의 마지막 장면 중에서

또다시 베이징으로 간 까닭은

제2차 세계대전이 확산되면서 문인들에게도 압박이 가해졌다. 한 글을 사용하지 못하게 억압하자, 육사는 이에 대한 반발로 앞서 본 것처럼 한시漢詩를 짓기 시작했다. 어릴 때 이미 사서四書를 마친 탄 탄한 바탕이 있는 데다가, 평소 시작에서 한시적인 영향이 작용하 고 있었으므로, 한시를 짓는 데 별로 어려움이나 고심하는 빛이 없 었다고 한다.[227] 그는 신석초와 동생 원일·원조 등과 어울리면서 산 행을 하고 글을 지었다. 1942년 여름에 발표된 〈근하석정선생육순 謹賀石庭先生六旬〉, 〈만등동산晚登東山〉, 〈주난흥여酒暖興餘〉 등 3편의 한시가 남아 있는데, 이것은 창작한 작품 가운데 일부일 것이다.

육사가 1930년대 중반부터 1940년까지 과연 문단 생활만 했을 까? 결코 그렇지 않다. 만약 그가 문단 생활만 지속했다면 그에 대한 평가가 높지 않았을 것이고, 또 일본 경찰에 그렇게 자주 잡혀가는 몸이 되지도 않았을 것이다. 이 시기 그의 활동으로는 앞에서 본 언론단체 참여 외에도 청년운동에 참가한 것이 눈에 띈다.

그는 대구청년동맹의 활동에 관계한 것으로 보이는데, 대구청년동맹의 재조직을 위해 노력을 기울였다고 전해진다. 동료 기자였던 이선장의 증언에 의하면, 해산 상태에 놓여 있던 대구청년동맹을 육사와 이선장 및 남만희南萬熙 등이 힘을 합쳐 재조직하였다고 한다.[228] 이때 그가 중심이 된 대구청년동맹 조직을 일제 경찰이 소위 '대구공청'이라고 하여 총검거했다고 한다.[229]

그러다가 육사는 본격적으로 다시 항일투쟁의 길을 선택하였다. 1943년 초 다시 베이징으로 갔던 것이다. 그의 이러한 선택은 참으로 힘든 일이요, 드문 사례였다. 왜냐하면 그 시기는 이 땅에서 내로라하는 문인들이 일장기 앞에 무릎을 꿇고 변절자 대열로 깃발을 내세워 나갔던 때이기 때문이다. 글쓰기를 포기하고 들어앉은 인사들도 있었지만, 문인들 다수가 친일의 물결에 동참하고 있었다. 그것도 혼자만 흥분하는 것이 부족하여 일제의 앞잡이가 되어 용감하게 친일의 길을 부르짖고 나서서 민족을 기만했던 것이다. 다수의 문인들이, 그것도 문단의 대표급 인물들이 일본의 승리를 확신하며 청년들의 동참을 촉구하고 나서는 판국, 즉 '전체 문학계의 친일화'라는 거대한 조류를 이루고 있는 상황임에도 불구하고, 육사는 그러한 물줄기를 거스르며 자신의 길을 잡아나갔다. 별빛은 어두운 밤일수록 빛나 보이는 것, 그의 행보가 그래서 더욱 값지다.

그가 베이징으로 떠날 결심을 처음 털어놓은 때는 1943년 양력 1월 1일(신정)이었다. 신석초가 신정에 이육사의 방문을 받고, 둘이서 눈을 밟으러 나갔을 때 그 이야기가 나왔다. 육사가 베이징으로 가겠다는 말을 던진 그 장면을 석초는 다음과 같이 썼다.

1943년 신정은 큰 눈이 내려 온통 서울이 샛하얀 눈 속에 파묻혀 있었다. 아침 일찍이 육사가 찾아 왔었다. 그리고 문에 들어서자마자 나를 재촉하여 답설踏雪을 하러 가자고 하였었다. 중국 사람들은 신정에 으레 답설을 한다는 것이다.

조금 뒤에 우리는 청량리에서 홍릉 쪽으로 은세계와 같은 눈길을 걸어갔다. 우리의 발길은 우리도 모르는 사이에 임업시험장 깊숙이 말끔한 원림園林 속으로 옮겨가고 있었다. 울창한 숲은 온통 눈꽃이 피어 가지들이 용사龍蛇로 늘어지고, 길 양쪽에 잘 매만져진 화초 위로 화사한 햇빛이 깔려 있었다. 햇빛은 눈 위에 반짝이고 파릇파릇한 햇싹이 금방 돋아날 것만 같다.

"가까운 날에 난 북경엘 가려네."

하고 육사는 문득 말하였다. 나는 저으기 가슴이 설레임을 느꼈다. 한참 정세가 험난하고 위급해지고 있는 판국에 그가 베이징행을 한다는 것은 무언가 중대한 일이 있다는 것을 직감케 하고 있었다. 그때 베이징 길은 촉도蜀道만큼이나 어려운 길이었다. 나는 가만히 눈을 들여다보았다. 언제나 다름없이 상냥

하고 사무사思無邪한 표정이었다. 그 봄에 그는 표연히 베이징을 향하여 떠나간 것이다.

새하얀 눈을 밟으며 담담히 그의 마음을 털어놓는 장면이 마치 한 폭의 그림처럼 손에 잡힌다. 정확하게는 알 수 없으나 신정이 지나 얼마 뒤에 육사는 베이징으로 갔다. 이 무렵 베이징에서 육사를 만난 백철도 그런 정황을 알려 준다.[230]

육사가 베이징으로 간 사실은 동료 기자이자 동지인 이선장의 한시에서도 확인된다. 육사를 떠나보내며 지은 이선장의 시 제목 자체가 〈송육사이활지북경送陸史李活之北京〉이다. 그는 여기에 '북

홍릉 임업시험장. 1943년 1월 1일, 이곳을 함께 산책하던 신석초에게 육사는 베이징행을 털어놓았다.

경 가는 육사 이활을 보냄'이라는 한글 번역문까지 덧붙인 글을 남겼다.[231] 마지막 구절에 "온누리엔 흰 눈인데 칼을 짚고 떠나가네(설만건곤장검유雪滿乾坤杖劍遊)"라고 썼다. '온누리엔 흰 눈'이라니, 신정에 눈을 밟으며 신석초에게 밝힌 사연이 겹쳐 떠오른다. 또 '칼'을 짚고 떠나간다는 구절은 육사가 이선장에게 무장투쟁 계획을 일러 두었음을 짐작케 한다.

그렇다면 그는 도대체 무엇을 위하여 그곳으로 갔을까? 베이징으로 떠나는 육사에게 이별 시를 지어 준 동료 기자요 동지인 이선장은 이런 말을 남겼다. 육사가 순국한 해인 1944년 12월에 육사의 외숙인 허규가 이선장을 찾아와, "육사가 북경으로 가면서 '중앙에서 경북의 일을 이선장과 상의하라'는 말이 있었다"라고 전했다고 한다.[232] 앞에서 말한 이선장의 시에서 '언제나 남긴 약속 마음에 걸려'라는 대목에서도 육사와 이선장 사이에 서로 약속한 임무가 있었음을 짐작할 수 있다. 이선장의 이야기는 이렇게 이어진다.

북경으로 가서 동지를 만나 보고, 다시 중경으로 가서 어느 요인을 모시고 연안으로 간다. 나올 때는 무기를 가지고 나와야 하겠는데, 그것을 만주에 있는 어느 농장에 두고 연락을 하겠다. 만주에는 일본 군부가 많이 쓰는 한약재인 대황大黃과 백작약白芍藥이 많다. 그것을 헐하게 사서 약을 반입하는 편에 숨겨서 반입시킨다. 자네가 약재 반입의 방법을 연구해 달라.[233]

이 내용은 네 가지 중요한 사실을 전해 준다. 하나는 그가 일단 베이징에 간 뒤, 다시 임시정부가 있던 충칭重慶으로 가고, 그곳에서 어느 중요 인물과 더불어 옌안延安으로 간다는 행선지를 말해 주는 것이고, 둘째는 망명하는 것이 아니라 얼마 뒤에 귀국할 것이라는 예정을 전하는 것이며, 셋째 귀국할 때에는 무기를 국내로 들여올 것이며, 넷째 자금 마련을 위한 방법을 찾고 있었다는 사실이다.

이와 비슷한 이야기는 육사의 최후를 증언한 이병희의 입에서도 나왔다. 요지를 정리하면, "돈을 마련하여 폭약 만드는 데 쓰이는 작약이나 백봉령 같은 약재와 무기를 구입하자. 이선장에게 보낼 것이니 준비해 다오."[234] 여기에서 이선장과 이병희의 증언이 맞아떨어지는 것을 확인할 수 있다.

충칭과 옌안을 연결하려 하다

1940년대에 들어 중국 지역 한국독립운동계의 형세가 크게 두 가지로 나뉘었다. 충칭을 중심으로 활약하는 임시정부가 그 하나요, 옌안을 중심으로 자리 잡은 조선독립동맹이 다른 하나였다. 앞의 것은 중국국민당 정부의 지원 아래 임시정부를 중심으로 광복군 및 한국독립당을 비롯한 여러 정당들이 집단을 이루면서 국제적인 외교 활동, 광복군의 전선공작, 미군과의 연합작전, 국내에 대한 방송공작 등을 펼치고 있었다. 또 뒤의 옌안 세력은 중국 공산당의 지원을 받으면서 조선의용대를 중심으로 조선의용군을 조직하고 항일 역량을 키우고 있었다.

1937년 중일전쟁 이후 중국국민당과 중국공산당은 제2차 국 공합작을 맺고 있었다. 이에 따라 충칭에는 저우언라이周恩來가 이끄는 중국공산당 대표부가 자리 잡았고, 임시정부가 이들과 밀 접한 관계를 유지하고 있었다. 때문에 광복군 창설 축하연에 저 우언라이의 대필 서명과 둥비우董必武 등의 친필 서명이 있는 것 으로 보아 중국공산당 대표들이 참석했음을 알 수 있다.[235] 이런 상황에서 육사가 충칭으로 가려 했던 1943년에는 충칭의 대한민 국임시정부와 옌안의 조선독립동맹 사이에 전선 통일을 위한 노 력이 면면이 진행되고 있었다.[236]

한편 옌안에 한인 세력이 본격적으로 집결하기 시작한 시기는 최창익崔昌益과 허정숙許貞淑 등 8명의 좌파 인물들이 이동한 1938년 말부터였다. 그곳에서 1941년 1월 10일에는 무정武丁과 최창익이 화북조선청년연맹을 결성하고 북상하는 조선의용대를 받아들일 준비를 끝냈다. 김원봉이 거느리는 조선의용대 가운데 3분의 2에 해당하는 병력이 1940년 말부터 1941년 사이에 황허 를 몰래 건너 화베이華北 지역으로 이동하였다. 화베이 지역에서 한인 동포들을 모집하며 항일투쟁을 벌이던 그들은 1941년 12월 에 후쟈좡 전투胡家庄戰鬪와 싱타이 전투邢台戰鬪를 치르고서, 옌안 으로 이동하였다.[237] 그곳에서 그들은 1942년 8월에 화북조선청

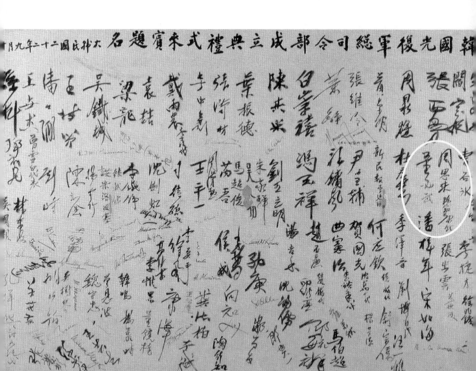

광복군 성립 서명식 전례 내빈 서명포.
대한민국임시정부가 1940년 9월 17일 충칭에서 한국광복군총사령부를
결성했을 때 주요 중국 내빈들이 서명한 천이다. 세 번째 줄 오른쪽에서 세 번째가
저우언라이, 네 번째가 둥비우이다.

년연합회를 조선독립동맹으로 개칭하고, 조선의용대를 조선의용
군으로 개편하였다. 충칭에서 활동하던 김두봉이 옌안으로 가서
이들과 합세하여 조선독립동맹 중앙집행위원회 주석을 맡은 시
기도 이 무렵이었다.

충칭과 옌안 사이에 김학무金學武가 김구와 김두봉의 서신 연락을 맡거나, 옌안에서도 행사장에 임시정부 주석 김구를 명예주석단에 추대하거나 쑨원孫文·장제스·마오쩌둥毛澤東과 함께 김구의 초상화를 대회장에 걸어 두기도 했다.[238] 이와 마찬가지로 임시정부는 기관지인 《독립신문》에 조선의용군을 소개하고,[239] 또 1945년에 국무위원 장건상張建相을 옌안으로 파견하였다.[240] 이처럼 충칭과 옌안 사이에 합작을 위한 물밑 교섭이 조금씩 전개된 것이 1940년대의 상황이었다.

이 무렵 육사가 '충칭으로 가서 어느 요인을 모시고 옌안으로 가려 했다'는 의미는 결국 이러한 두 세력 사이의 교감에 그가 참가하려 했다는 말이 된다. 그렇지만 실제로 그가 누구와 함께 충칭에서 옌안으로 가려고 계획을 세웠는지는 알 수 없다. 만약 그렇지 않다면, 육사의 베이징행이 군사간부학교 출신 동창들이 많이 소속된 조선의용군의 베이징 적구敵區에서의 활동에 참여하려 했던 것으로 추정하는 의견에 일정 부분 찬성할 수도 있겠다.[241]

좀 더 적극적으로 해석한다면, 육사가 만나려던 인물이 윤세주일 가능성이 가장 크다. 육사의 한시 〈주난흥여酒暖興餘〉가 1942년 6월 하지 무렵에 지은 것이라거나 윤세주를 주인공으로 삼았다는 연구를 받아들이면,[242] 육사가 만나려던 중요한 인물이 윤세주일 가능성이 높다. 충칭 조선의용대 본부와, 1940년 겨울부터 황허를 건너 북상하여 1941년 7월 옌안에서 결성된 '조선의용대 화북지대'를 잇겠다는 계획이 육사의 머리에 그려진 것이 아닌가 짐작되기도 한다. 그럴 때 화북지대 중심인물 가운데 윤세주가 들어 있으니 말이다.

한 가지 더 살펴볼 일은 그가 베이징에서 만난 사람이 이병희와 '이원'이었는데, 이병희는 다음에 설명할 터이지만, 이원에 대해서는 그가 육사 및 이병희와 친척이라는 사실 이외에는 알 수가 없다는 것이다. 간부학교 동기생 가운데 '이원李遠'이란 인물이 있었지만, 그 인물인지 전혀 헤아릴 수 없다.

여기에서 한 가지 주목할 일은 그가 귀국할 때 무기를 반입하려 했다는 사실이다. 그런 계획을 세운 데에는 1940년대에 들어 국내에서 독립군 성향의 조직들이 나타나고 있었던 점과 걸음을 같이하는 것으로 이해된다. 즉 육사가 무기를 반입하고자 했던

이병희와 이원 그리고 육사가 만나 일을 논의했다는 베이하이공원.

이유도 이러한 상황에서 비롯한 것으로 추정해 볼 수 있다.

대체로 국내에서 자생하고 있던 독립군 성향의 조직들 가운데 태극단太極團·순국당殉國黨 등 20여 개의 학생 조직과 명성회(안동), 창유계暢幽契(울진), 대왕산결심단大旺山決心團(경산), 조선청년우국단朝鮮靑年憂國團(서울), 건국동맹建國同盟(서울), 농민동맹農民同盟(양평) 등의 사회인사 조직 및 백의동맹白衣同盟(춘천)과 같은 사회인사와 학생의 연합 조직 등이 나타났다. 그런데 이들 조직들의 공통적인 특징은 무력항쟁을 도모하는 독립군 성향에 있었다. 따라서 육사가 무기를 반입하고자 했던 이유도 이러한 상황에서 비롯한 것으로 추정해 볼 수 있다.

그가 마지막으로 체포된 시기는 기록에 따라 크게 엇갈린다. 지금까지 거듭 수정해 온 사실들을 바탕으로 다시 정리해 보면, 그가 부친의 대상(양5월 29일)과 모친의 소상(양6월 9일)에 참석하러 귀국했다니, 1943년 5월 말에 돌아왔다고 판단된다. 앞서 형수가 부모님과 형 원기 등 세 분의 신위를 모시고 고향 원촌 마을로 귀향했으니, 그도 마땅히 고향 원촌 마을을 들렀을 것이다.

육사가 5, 6월 부모님 대상과 소상, 8월 형의 소상(양8월 13일, 음7월 13일)에 각각 다녀갔다면 고향 방문이 두 차례일 수도 있다. 교통이 불편하여 대체로 중간쯤 한 번 다녀간 것으로 짐작할 수도 있지만, 그러기에는 좀 망설여지는 이유가 있다. 한 해 앞서 형이 사망한 뒤로, 둘째 아들인 육사가 사실상 맏상주였고 그에 맞는 위치에서 있어야 했기 때문이다. 더구나 청량리에서 출발하는 중앙선 철도가 안동까지 개통한 때가 바로 1942년 4월이었으므로, 수유리에 근거를 두던 육사로서는 그렇게 불편한 길이 아니기도 했다.

　육사가 베이징에서 돌아온 뒤 두 차례 고향을 방문하고 상례를 치렀으리라 짐작한다. 그러면 육사가 동대문경찰서에 붙잡혀 들어간 때는 언제일까. 아내 안일양은 육사가 동대문경찰서에 갇혀 20일 정도 지낸 때를 6월로 말했다. 하지만 장조카 이동영은 육사가 형의 소상(양8월)에 참석한 뒤 풍산을 들러 권오설(권오설은 1930년 서대문형무소에서 순국했으니, 그 동생 권오직을 가리키는 것으로 보인다)을 만나고 베이징으로 간 것이 마지막이었다고 회고했다. 그렇다면 경찰에 붙잡혀 갇힌 때가 8월 중하순 이후 가을 무렵이라 짐작된다.

　육사가 베이징으로 끌려간 마지막 장면은 딸 옥비의 증언으로 복원된다. 육사가 압송된다는 소식을 들은 육사의 아내 안일양은 딸을 원촌 마을 출신이자 집안 어른(육사의 재종숙)인 이규호李奎鎬에게 맡겨 두고 청량리역으로 갔다. 그런데 이규호는 아무래도 이번에 붙잡혀 가는 길이 심상치 않다는 생각에 옥비를 업고서 청량리역으로 갔다. 그곳에서 마지막으로 만난 육사는 전에 없이 심각한 표정으로 딸의 볼에 얼굴을 대고, 손을 꼭 쥐고는 "아빠 갔다 오마"라고 말했다.[243] 아마도 이때가 늦가을이나 초겨울 무렵이 아닌가 짐작된다. 신석초가 남긴 그에 대한 마지막 장면은 그 시기를 늦가을로 표현하고 있다.

　그해(1943년-필자 주) 늦가을에 서울에 올라와 보니 뜻밖에도

육사의 마지막 독사진(1941).
육사는 앞날을 예감한 듯 이 사진을 친지들에게 돌렸다.

육사가 귀국해 있었다. 그 때의 반가움은 이루 말할 수가 없었
다. 곧 친구들을 모아 시회를 열기로 했다. 그래 우리 집에 모
두 모였는데 육사 형제가 나타나질 않았다. 우리는 불안한 예
감으로 마음을 졸이며 기다렸다. 과연 밤 늦게야 그의 아우가
와서 육사는 헌병대가 와서 체포하여 북경으로 압송해 갔다는
말을 전한다. 우리는 절망하였다. 그리고 분통과 충격으로 한
동안 묵연하여 술잔을 들지 못하였었다.[244]

그것이 육사의 마지막 길이었다. 석초가 늦가을에 올라와 그를
만나고 시회를 준비하였으니, 아마도 육사가 체포된 시기는 늦가
을이나 초겨울이 들 무렵이 아니었을까 생각된다. 베이징 감옥에
함께 수감되었던 이병희가 그 시기를 초겨울쯤으로 기억하는 데다
가, 베이징의 겨울이 며칠 더 빠르니 서울에서는 늦가을일 수 있다.

베이징에서 순국하다

육사는 1944년 1월 16일 베이징 감옥에서 순국하였다. 그런데 그
의 죽음에 대해서는 두 가지 설이 있었다. 그것은 마치 그의 삶에
많은 의문이 있었던 것과 같은 일이었다. 신석초는 육사를 과묵
한 신사로 평하면서, 항상 무엇인가 혼자 비밀을 간직하고 있는
듯했고, 더러는 아무런 소식도 없이 사라지고 또 나타났다고 하

며 우국지사의 움직임에 표현할 수 없는 비밀이 당연히 있었을 것이라고 말하기도 했다. 그의 죽음에 대해서도 이와 마찬가지로 약간 희미한 의문이 있기도 했다. 원래 육사는 베이징 감옥에서 옥사, 순국했다고 알려져 있었다.[245]

그의 제적부에는 중화민국 베이징시 '네이구內一區 둥창후퉁東昌胡同 1호'에서 사망했고, 동거인 이병희李丙禧가 신고한 것으로 적혀 있다.[246] 완전히 잊힌 인물이던 이병희를 찾아낸 때가 1994년이다.[247] 마침내 육사의 최후를 복원하는 길이 열린 것이다. 역사의 무대에 다시 등장한 '이병희'는 남자가 아닌 여자였고, 육사가 태어난 원촌 마을에서 멀지 않은 부포浮浦 마을에 뿌리를 둔 진성 이씨 집안 사람이었으며, 역시 독립운동에 참여했던 이경식李京植(이명 이동한李東漢)의 딸이었다. 또 독립운동과 해방 후 반독재 투쟁에 나선 백농白儂 이동하李東廈(본명 이원식李元植)의 질녀였다. 이병희는 1930년대 초 경성여상(서울여상) 1학년 시절에 이미 동대문 공단의 파업투쟁에 참여한 투쟁 경력의 소유자여서 늘 일본 경찰의 추적을 받던 인물이었다.

이병희는 1943년 육사가 베이징에 왔을 때 육사와 '이원' 그리고 자신까지, 세 사람이 자주 만나 나눈 이야기를 회고했다. 베이징 자금성紫禁城 뒤편에 있는 베이하이공원에서 육사와, 또 충칭을 다녀온 '이원'과 충칭으로 가려는 계획을 논의하던 과정, 그리고 육사가 붙잡힌 뒤 자신도 검거된 사실에 이어, 육사의 순국과정을 낱낱이 회상해 주었다. 그 대강을 정리하면, 다음과 같다.[248]

1943년 베이징에서 만난 육사가 한국을 다녀온다고 떠났다. 그런데 그해 말쯤 베이징의 집으로 형사가 불쑥 찾아왔다. 그 형사는 이미 서울에서 만난 적이 있던 사람이어서 얼른 알아볼 수 있었다. 함께 가야 한다는 말에 방구석에 놓인 육사의 소지품(노트와 필기구 등)이 걱정이 되어 순간적으로 연기를 펼쳤다. 형사가 방 안을 들여다보지 못하도록 하고서 육사가 남긴 물건을 치워야 했기 때문이다. 그래서 이병희는 형사가 바라보는 앞에서 옷을 홀홀 벗으면서 "옷을 갈아입고 가겠다"고 말했다. 그냥 쳐다보기는 어렵게 된 형사가 문을 닫고 밖에 서 있는 틈에 그는 육사의 소지품을 다락에 치웠다. 그리고 형사에게 끌려갔다.

육사는 이미 그곳에 잡혀 와 있었다. 그런데 육사의 콜록콜록 기침하는 소리가 밤낮으로 들렸다. 폐병으로 원래 약한 데다가 잘 먹지도 못하고 추운 감방에서 고생하느라 더욱 힘이 들었던 것이다.

12월 어느 날 이병희는 먼저 풀려났다. 그런데 다시 1주일쯤 지나자 간수가 찾아와서 육사의 죽음을 알리고 "너밖에 더 있냐. 시신을 인수해 가라"고 말했다. 이병희는 감옥으로 가서 육사의 시신이 든 관을 인수하고, 급히 빌린 돈으로 화장을 했다. 그 유골이 든 상자를 이귀례라는 친구 집에 두었다. 마침 이귀례는 아이를 낳은 지 며칠 되지 않은 터라, 산모와 신생아의 머리맡에 유골함을 둘 수밖에 없었다. 그런데 이 유골을 고향으로 보낼 길이 없었다. 전쟁 시기에 본국을 수월하게 드나들 수 있는 것도 아니었다. 그래서 이병희는 감옥에서 죽은 육사의 유골에 대해 일본 총영사관을 찾아가 이야기했다. 그랬더니 총영사관 경찰이 베이징에서 벌어진 어떤 사건에 연루된 것처럼 사건을 만들어 육사의 동생 원창을 베이징으로 불렀고, 그 편에 유골을 보낼 수 있었다.

최후를 다시 요약해 본다. 첫째, 1943년 말에 육사가 국내에서 체포되어 베이징으로 온 뒤, 이병희 자신도 서울에서 파견되어 온 형사에게 체포되어 베이징 감옥에 구속되었다. 둘째, 얼마 뒤 풀려나온 이병희는 1주일쯤 뒤에 간수장으로부터 "육사가 사망했으니 시신을 인수해 가라"는 통지를 받았다. 셋째, 육사의 유해를 인수하고 화장한 뒤 친척이자 아기를 낳은 지 3일이 된 이귀례의 산실 윗목에 유골함을 두었다. 넷째, 국내에 있던 육사의 동생 원창을 불러 유골을 넘겨주었다. 그것도 베이징으로 불러오는 것이 힘든 전쟁 상황이라 원창을 용의자로 만들어 이동할 수 있게 만들었다.

또 눈길을 끄는 몇 장면이 있다. 하나는 육사의 유골함을 맡겨 두었던 곳이 이귀례의 집이고, 다른 하나는 충칭을 다녀와 합류한 '이원'의 존재다. 앞의 산모 이귀례는 작가 임화林和(본명 林仁植, 1908~1953)의 첫 번째 아내로 알려지기도 했지만, 연대가 맞지 않아 다른 사람으로 보인다. 다른 하나는 베이징에서 함께 모였던 이원이 누구인가이다. 이병희(1918년생)는 이원이 자신보다 한 살 많고, 이옥李鈺의 아들이자 정현모의 처조카라고 회고했다. 이옥의 아들은 1917년생 이원李源이 맞다. 이원의 부친 이

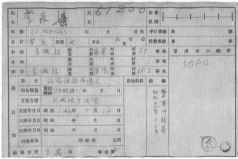

이병희의 신원카드.
이육사와 함께 투옥되고
육사의 사망을 신고했던 이병희는
1930년대 10대 나이에
노동운동에 나섰던 인물로,
육사와 같은 집안
출신이다.

(위) 독립운동가 이병희.
1994년 이육사 다큐멘터리 제작과정에서 찾아냈다.
암수술을 받고 퇴원한 지 한 달쯤 되던 때의 모습이다(서울 신촌 자택).

(아래) 육사 생가터를 찾은 이병희(오른쪽)와
독립운동가인 백농 이동하의 며느리 오묘연이다.

옥은 안동 도산면 토계리 계남 출신이자 육사의 집안 아저씨가 된다. 이옥은 1919년 대한민국임시정부 조사원으로 시작하여 1920년대 전반에 도쿄에서 유학생 학우회와 조선노동동맹, 신간회에서 활동을 펼치다가 1928년 사망한 인물이다. 그 아들은 육사와 같은 항렬이고 '원源'이라는 한 글자 이름을 가졌다. 충칭에 다녀와서 육사와 함께 베이징에서 움직였다는 이원, 그의 행방은 전혀 드러나지 않는다. 셋째로는 김시현의 투옥 사실도 이병희의 회고 속에 전해진다. 안동 출신이자 육사를 군사간부학교에 인도했던 김시현도 같은 시기에 감옥에 갇혀 고생했고, 이병희가 김시현에게 밥을 해 주었던 여인과 같은 감방에 갇혀 있었다고 말했다.[249]

'베이징 감옥'은 어디일까

그렇다면 육사가 순국했다는 베이징 감옥은 어디일까. 베이징에 일본이 운영하던 감옥이나 유치장은 하나가 아니었다. 육사의 제적부에는 사망 주소가 베이징시 네이구內一區 둥창후퉁東昌胡同 1호로 적혀 있다. 이곳에 일본 감옥이 있었다고 알려졌다. 이곳은 오늘날의 둥청구東城區에 속하는데, 이 구역에 둥창 감옥 말고도 일본이 설치한 감옥으로 '파오쥐후퉁炮局胡同'에 '일본 육군'이 설치한 것도 있었고, 베이징대학의 '홍러우紅樓' 지하 주차장에도

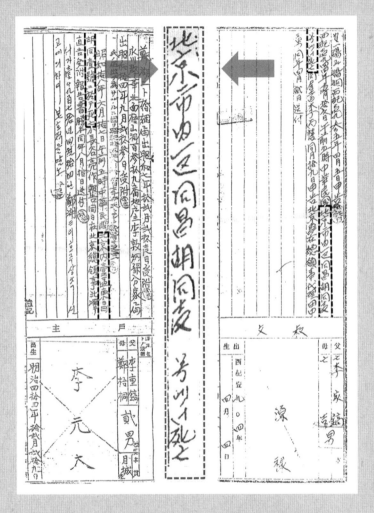

이육사와 이원대 제적부에 쓰인 사망 주소가 각각
네이구內一區 둥창후퉁同昌胡同 1호, 둥창후퉁東昌胡同으로 사실상 같다.

'일본 헌병대'의 감옥이 있었다고 한다. 이 밖에도 사령부 소속 단위 헌병대에도 유치장이나 감옥을 두었다. 조선의용대원으로 활약하다가 육사보다 일곱 달 앞선 1943년 6월 순국한 영천 출신 이원대李元大가 순국한 장소도 같은 곳이다. 그렇다면 이 주소지는 단순한 문제가 아니다.

둥창후퉁 1호는 역사적으로도 그리 간단한 곳이 아니었다. 이곳은 명대에 환관이 주역이 되어 정보를 수집하던 특무기구 둥창東廠이 있었으며, 1916년 위안스카이袁世凱가 죽자 리위안훙黎元洪이 살다가 대총통 직을 승계한 곳이기도 하다. 많은 건물과 정원을 갖춘 화원 형태의 대저택이었다. 뒷날 1945년 베이징대학 교장 시절 후스胡適가 그 건물 가운데 한 곳에 살았다.

1926년 일본이 이곳을 사들여 동방문화사업위원회라는 기관을 두었다. 이는 일본이 의화단 사건의 배상금을 받아 베이징에 인문과학연구소, 상하이에 자연과학연구소를 세운 데서 비롯하였다.[250] 1937년 일본이 베이징을 점령하면서 둥창東廠을 둥창東昌으로 바꾸었다. 그러다가 문화혁명 때 런민루人民路 십조十條가 되었다가 그 뒤에 본래의 이름 둥창東廠으로 되돌려졌다. 후퉁이란 원나라 시절에 만들어져 전해 오는 골목길 명칭이다.

육사의 순국지는 '둥창후퉁' 1호와 28호 두 곳으로 알려졌다. 1호에는 현재 중국사회과학원 근대사연구소가 있고, 28호에는 베이징 점령 시기에 일본이 설치한 것으로 알려진 감옥의 자취가 있다. 육사와 이원대가 사망한 곳으로 적힌 곳은 1호이고, 감옥

자취라고 알려진 곳은 바로 앞 28호이다. 그런데 크게 보면 둥창東廠이라는 공간이 워낙 큰 곳이어서 두 지역 모두 같은 영역에 속한다. 둥창후퉁 1호는 본래 큰 블록이었지만, 여러 개 작은 조각으로 나뉘어 지금은 많은 호수를 갖고 있다. 따라서 크게 보면 하나의 영역에 속하는 셈이다.

이곳에 일제가 설치한 감옥이 있었다는 사실은 1997년 팡쥔方軍이란 작가가 쓴 책을 통해 자세하게 알려졌다. 팡쥔은 일본에서 중일전쟁에 참여했던 일본군 노병 등을 만나 취재한 내용을 바탕으로 '보고문학'을 펴냈다. 그 내용 가운데 '야마시다山下'라는 일본군 노병이 중일전쟁 당시 일본군 '중위' 출신으로 '감옥장監獄長과 같은 말단 관리'를 지냈으며, 바로 그가 근무했던 곳이 '둥창후퉁'에 있던 '둥창 감옥東廠監獄'이었고, 여기에 잡혀 온 중국군을 고문하거나 죽인 사실 등을 증언했다.[251] 하지만 정확한 호수는 언급되지 않았다.

2000년대 들어 현지 주민(노인)들이 28호 건물을 일제가 설치한 감옥이었다고 증언하기 시작했다. 아마도 팡쥔이 책을 쓰면서 현장을 찾은 뒤에 시작된 이야기가 아닌가 짐작된다. 또 중국 신문에서 이곳 28호가 일본 헌병대 감옥이었다는 사실을 보도하기도 했다.[252] 육사와 함께 갇혀 있다가 먼저 풀려나 육사의 시신을 인수한 이병희는 잡혀 있던 건물과 모양이 같다고 회고했다. 다만 같은 모양을 가진 집이 빼곡했기 때문에 이것만으로 육사가 순국한 그 건물이라고 단정할 수는 없다.

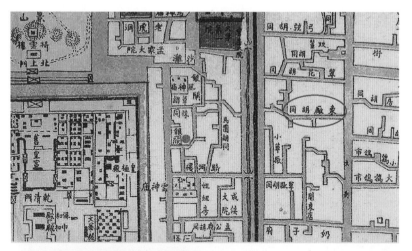

(위) 1925년
둥창후퉁 지도.

(아래) 육사가 갇혀 있던 감옥의
자취가 있는 둥창후퉁 28호
(2016).

둥창후퉁 28호(2023).
(위) 둥창후퉁 입구. (가운데) 둥창후퉁 내부.
(아래) 둥창후퉁 설명문.

순국 장소를 현재 28호라고 확정하지는 못하더라도 이 근처임은 분명하다. 본래 1호가 지금보다 훨씬 큰 규모의 단지였고, 거기에는 28호도 포함되었을 것으로 짐작되기 때문이다. 그곳에 일제의 문화 특무기관인 동방문화사업위원회가 있고, 건너편에는 일본 영사관과 헌병대의 감옥이 있었다는 것으로 정리될 수 있다. 더구나 현지 주민 가운데 자신이 붙잡혀 고문당한 일본 헌병대 감옥이라고 말하는 사람이 있는 점으로 보아, 이 건물이거나 근처 건물에 육사가 갇혔다가 순국한 사실만은 확실해 보인다.

고향에 묻히다

이병희의 노력으로 육사의 유해는 순국 후 9일이 지난 1944년 1월 25일에 동생 원창에게 넘겨졌다. 이날은 음력으로 섣달 그믐날이었는데, 이병희가 혼인하기로 약정해 둔 날이었다. 때문에 정확하게 그 날짜를 기억하고 있단다. 그런데 그날에 운구하느라 혼인하지 못하고 20일이 지난 음력 1월 20일, 즉 양력 2월 14일 혼례를 치렀다. 육사의 유해는 국내로 옮겨져 미아리 공동묘지에 안장되었다가, 1960년에 그의 고향 마을 뒷산으로 이장되었다.

한 가지 아쉬운 것은 그때 숨겨 둔 육사의 소지품, 특히 시를 적어 놓은 것으로 보이는 노트를 찾을 길이 없다는 사실이다. 그

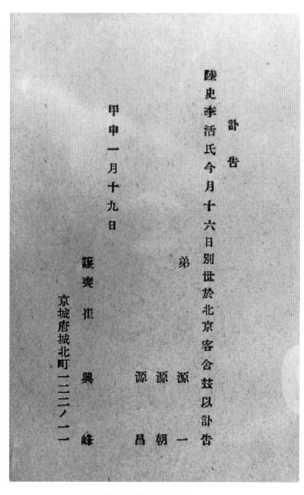

육사의 순국을 알리는 부고(1944).
※출처: 이육사문학관.

(위)
육사 부부의 묘.
2023년 이육사문학관
옆으로 옮겼다.

(아래)
육사의 묘비판.

〈절정〉 시비와 외동딸 이옥비 여사.

렇지만 호적 기록에 등장하는 이병희가, 남자가 아닌 여자의 모습으로 홀연히 나타나 그의 마지막 모습을 말해 주어서 얼마나 다행인지 모른다. 더구나 암수술 이후 투병 생활을 견디면서도 자세하게 그 내용을 증언함으로써, 자칫 의문으로만 남을 뻔했던 문제가 해결된 것이다.[253]

　육사 부부의 묘소는 고향 마을 원촌의 뒷산 마차골(마편곡馬鞭谷) 위쪽에 있다가 2023년 4월 5일 이육사문학관 옆으로 옮겨졌다. 마차골을 따라 건지산을 오르는 길이 급하고 힘들어서 참배하기가 쉽지 않았던 터였다. 마침내 문학관 옆으로 이장하게 됨에 따라 문학관을 찾는 이들이 쉽게 찾고, 복원된 생가와 함께 그의 고향 원촌 마을의 역사를 하나로 아울러 느낄 수 있게 되있다.

백마 타고 온 초인, 이육사

육사는 짧은 40년 생애 동안 독립운동이나 문예 활동에 있어 참으로 가시밭길을 걸었다. 민족문제를 해결하려고 나라 안팎을 넘나들던 그의 노력이나 고통 속에서 펼친 문예 활동도 모두 민족에 대한 애정에서 우러나온 것임은 더 이상 다른 말을 덧붙일 필요조차 없다.

그 짧은 인생을 정리하면서, 아직도 못다 푼 문제가 여럿 있다는 사실에 가슴이 무겁다. 베이징에서 다녔다는 중궈대학의 학적부를 찾아야 하고, 중산대학 학적부에 나타난 인물과의 관계를 해명해야 한다는 사실, 그리고 둥창후퉁 1호와 일제의 동방문화사업위원회 관련 기록을 찾거나 풀어야 한다는 과제가 남아 있는 것이다.

그의 일생을 간단히 되돌아보면, 짧은 한 편의 드라마이다. 그것도 고민과 번뇌로 지새운 한 지식인의 양심이 담긴 역사이다. 역사와 전통을 감싸안은 고향 마을, 안동 도산의 원촌. 그곳에서 어린 시절 한학을 배우며 자란 육사는 보문의숙과 도산공립보통학교를 졸업하고, 부친의 엄명으로 일찍 결혼해 처가 마을에서 백학학원을 다니고 또 그곳에서 가르치기도 했다.

가문의 영향으로 민족문제에 일찍이 눈을 떴고, 일본에 1년 정도 유학하는 동안 간토 대학살 이후 한민족이 겪는 참상을 보고, 아나키즘을 접하면서 그것이 더욱 굳어졌을 것이다. 귀국하여 대구에서 문화 활동을 벌이던 육사는 베이징을 드나들기 시작하면서 중궈대학을 다닌 것으로 보인다.

1927년에 귀국했다가 마침 장진홍 의거가 터지자, 이에 억울하게 엮여 1년 7개월 동안 옥살이를 하였다. 1929년 5월에 풀려난 후《중외일보》기자로 활동하면서 1930년 1월 3일 자로《조선일보》에 〈말〉이라는 첫 시를 발표하였고, 곧《조선일보》로 자리를 옮겼다.

1931년 1월에 '대구 격문 사건'으로 체포되었다가 3월 말에 석방된 그는 만주를 드나들며 활동 방향을 잡았고, 그것이 바탕이 되어 1932년 4월에 베이징으로 가서 의열단 핵심 요원 윤세주를 만나 난징으로 이동하였다. 1932년 10월에 개교한 조선혁명군사정치간부학교 1기생으로 입교하여 초급 군사간부로 성장하였다. 이 무렵 국내에서 발간된《대중》창간임시호에 실린 그의 글 〈자연과학과 유물변증법〉은 출국하기 전에 써 둔 것으로 판단된다. 1933년 7월에 국내에 들어와 자리를 마련하면서 시사평론을 발표하기 시작했고, 1934년 3월에 체포되었다. 6월에 출옥한 그는 문단 활동을 전개하였는데, 주로 1935년을 전후하여 시사평론에 몰입하면서 장제스 정권의 독재성을 집중적으로 분석하고 장차 전개 양상을 가늠했다. 1930년대 후반에 본격적으로 시와 수필을 쓰면서 문학평론도 발표하였다. 그러다가 일제의 한글 사용 규제에 저항하여 한시를 쓰던 그는 문인들의 친일 물결을 거스르며 다시 독립운동 대열로 뛰어들었다. 그것이 마지막 베이징행이었다.

독립운동에 한 번 발을 들여놓기도 어렵다. 그렇지만 떠나온 투쟁의 대열에 다시 뛰어든다는 것은 사실상 불가능에 가깝다. 그렇기 때문에 한국 독립운동사에서 그러한 일은 쉽게 눈에 띄지 않는 것이다.

그는 선비라고 하기에는 군사 간부이자 초급 장교라는 경력이 붙어 있어 썩 들어맞지를 않는다. 그렇다고 군인이라고 하기에는 조용하고 단아한 시인이라는 인상 때문에 더욱 어울리지 않는다. 말없고 단아한 선비요, 군사간부학교 출신의 권총 명사수로 알려진 그는 문무를 아우른 사람이다. 선비의 모습이면서도 강한 집념을 가진 군인의 면모를 보일 수 있었던 바탕은 무엇일까?

독립운동사의 첫 장(1894년 갑오의병)이 열린 곳이 안동이요, 가장 많은 독립유공포상자(2022년 현재 400명 정도)를 배출한 곳도 안동이며, 1910년을 전후하여 가장 많은 자결 순국자(약 70명 가운데 10명)를 배출한 곳도 안동이다. 이러한 강직한 저항성이 퇴계 학맥에서 나왔는데, 그가 곧 퇴계의 후손이요, 그러한 정신이 가득한 원촌 마을 출신이었다. 그 전통에서 꺾이지 않는 그의 기개가 나왔다. 그의 문학적 기질도 역시 퇴계 학맥의 연장으로 이해할 수 있다. 전통적인 퇴계 학맥이 이어져 오다가 근대 신학문과 만나는 시기에 새로운 장르의 신문학이 자리 잡게 되었는데, 전통 한문학과 신문학이 만나는 접합점에 그가 서 있었던 것이다. 그래서 전통에 바탕을 둔 신문학이 그의 손에 의해 꽃피게 되었다.

그는 퇴계 학맥을 잇는 저항성과 문학성을 모두 이어받고, 또 소화해 냈다. 민족을 생각하여 독립운동가의 길을 택했고, 핏속에 흐르는 문학적 기질로 문인으로 활동했다. 그래서 그가 '저항시인'이자 '민족시인'이 될 수 있었던 것이다.

육사는 일제의 탄압이 가혹해지는 가운데 〈광야曠野〉를 썼다. 이 작품은 발표되지 못하고 숨겨져 있다가, 해방 후 1945년 12월 17일자 《자유신문自由新聞》에 〈꽃〉과 함께 발표된 그의 유작遺作이다. 두 편 시를 게재하면서 동생 이원조는 이렇게 썼다. "가형家兄이 41세를 일기一期로 북경옥사北京獄舍에서 영면永眠하니 이 두 편의 시는 미발표속의 유고가 되고 말엇다. 이 시의 공功은 내가 말할 바가 아니고 내 혼자 남모르는 지관극통至寬極痛을 품을 따름이다." 눈물로 쓴 이원조의 후기가 가슴을 저리게 만든다.

〈광야〉는 유작이 아니다. 이것은 우리 민족에게 던지는 그의 유언이다. 그가 우리 민족에게 무엇을 말하려 했던 것인지 숨죽이고 그 유언에 귀를 기울여 보자.

광야曠野

까마득한 날에
하늘이 처음 열리고
어데 닭 우는 소리 들렷스랴

모든 산맥山脈들이
바다를 연모戀慕해 휘달릴때도
참아 이곧을 범犯하든 못하였으리라

끈임없는 광음光陰을
부지런한 계절季節이 피어선 지고
큰 강江물이 비로소 길을 열엇다

지금 눈 나리고
매화향기梅花香氣 홀로 아득하니
내 여기 가난한 노래의 씨를 뿌려라

다시 천고千古의 뒤에
백마白馬타고 오는 초인超人이 있어
이 광야曠野에서 목노아 부르게하리라

曠野 (遺稿)

李 陸 史

까마득한 날에
하늘이 처음 열리고
어데 닭 우는 소리 들렷스랴

모든 山脉들이
바다를 戀慕해 휘달릴때도
참아 이곧을 犯하든 못하였으리라

끈임없는 光陰을
부지런한 季節이 피여선 지고
큰 江물이 비로소 길을 열엇다

지금 눈 나리고
梅花香氣 홀로 아득하니
내 여기 가난한 노래의 씨를 뿌려라

다시 千古의 뒤에
白馬타고 오는 超人이 있어
이 曠野에서 목노아 부르게하리라

꼿

동방은 하늘도 다 끝나고
비 한방울 나리잔는 그따에도
오히려 꽃츤 밝아케 되지안는가
내 목숨을 꾸며 쉼임없는 날이며

北쪽 「툰드라」에도 찬 새벽은
눈속 깊히 꽃맹아리가 옴작어려
제비떼 까마케 나라오길 기다리나니
마츰내 처버리지못할 約束이며!

한 바다 복판 용소슴 치는 곧
바람결 따라 타오르는 꽃城에는
나븨처럼 醉하는 回想의 무리들아
오날 내 여기서 너를 불러보노라

家兄이 四十一歲를 一期로 北京獄舍에서 永眠하니 이무篇의 詩는 未發表의 遺稿가 되고 말엇다. 이詩의 工拙은 내가 말할바 아니고 내혼자 남모르는 至冤極痛을 품을따름이다
一九四五年十一月十八日
舍弟 源朝放淚 謹記

《자유신문》에 발표된 〈광야〉.
동생 이원조가 눈물로 후기를 써서 공개한 육사의 유작이다.

1927년 첫 옥살이
First imprisonment in 1927

44년 베이징
서 순국(40세)
e prison in Beijing
ly

경북 사람들
광야에 서다

(위) 육사의 흉상.
(아래) 경상북도독립운동기념관 추모벽 '광야에 서다'.

그는 우리 민족에게 이렇게 말했다. 가난한 노래의 씨를 뿌리노니 뒷날 백마 타고 오는 초인에게 이 광야에서 목 놓아 부르게 한다고. 그렇다면 그 노래를 거두어 광야를 울리도록 노래하는 초인은 어디 있는가?

민족적 신념을 지키기 위해 무릎을 굽히지 않고 죽음으로 저항한 그, 온 겨레가 식민지 노예로 살아 가던 그날에 해방된 세계가 가까이 왔다고 예언하면서 그 노래의 씨를 뿌린 육사. 그 씨앗의 열매를 거두며 광야에서 목 놓아 노래 부를 초인은 누구인가?

일반적으로 육사는 매화 향기이면서 가난한 노래의 씨를 뿌린 사람이요, 초인은 해방된 민족을 의미한다고 말해 왔다. 그러나 필자의 생각은 이와 다르다.

그 초인은 바로 육사 자신이었다. 이미 광복된 날을 내다보며 미리 민족의 가슴에 노래를 불어넣은 그 자신이 곧 '백마 타고 온 초인'이었다는 말이다.

주

1 김희곤, 〈항일활동으로서의 육사생애〉, 《一荷 李源祺先生 殉國五十周年 追慕論叢》, 1993.

김희곤, 〈이육사와 의열단〉, 《안동사학》 1, 1994.

강만길, 〈조선혁명간부학교와 육사 이활〉, 《민족문학사연구》 8, 1995.

김희곤, 〈이육사의 생애에 대한 재검토〉, 《한국근현대사연구》 13, 2000.

김희곤, 《새로 쓰는 이육사 평전》, 지영사, 2000.

2 홍기돈, 〈육사의 문학관과 연출된 요양여행〉, 《한국근대문학연구》 6권 1호, 2005.

홍석표, 〈李陸史의 중국 유학과 中國大學〉, 《中國語文學誌》, 2009.

홍석표, 〈이육사의 《중외일보》 기자 시기의 언론 활동과 고향 상실의 문학적 모티프〉, 《상허학보》 64, 2022.

3 박현수, 《원전주해 이육사 시선집》, 예옥, 2008.

김영범, 《혁명과 의열—한국독립운동의 내면》, 경인문화사, 2010.

도진순, 《강철로 된 무지개》, 창비, 2017.

김희곤, 《이육사의 독립운동》, 이육사문학관, 2017.

4 동기생 정연활鄭淵閤 증언(영천 화남면 능계, 1994년 당시 84세).

5 필자가 중국 광저우의 중산대학中山大學 〈동창생 명부〉(1926)에 등장하는 한인韓人 '이활'이 육사가 아닐까 추정했지만, 옳지 않다는 주장이 나왔다(김영범, 《혁명과 의열—한국독립운동의 내면》, 경인문화사, 2010, 563~571쪽). 그가 육사가 아닌 것 같은데, 누구인지도 확인되지 않는다.

6 金鎭和, 《日帝下 大邱의 言論研究》, 禾多出版社, 1978, 139~140쪽. 이 책에 나오는 《조선중앙일보》는 《중외일보》의 잘못이다.

7 특집 '대구행진곡'에 게재된 내용은 尙火 〈大邱行進曲〉, 尹洪烈 〈大邱는 어데로 가나?〉, 李活 〈大邱社會團體槪觀〉, 천수 〈大邱의 沿革·名勝·古跡〉, 徐相日 〈大邱의 經濟界〉, 李根茂 〈大邱商業界〉, 風月樓主人 〈大邱의 名花點點〉, 韶庭 〈大邱雜評〉 등이다.

8 洪永義, 〈陸史의 一代記〉, 《씨 뿌린 사람들》, 思潮社, 1959, 96쪽. 당시 같이 옥고를 치른 조재만曺再萬의 수인 번호는 608번이었다.

9 洪永義, 〈陸史의 一代記〉, 《씨 뿌린 사람들》, 思潮社, 1959, 96쪽.

10 金鎭和, 《日帝下 大邱의 言論研究》, 禾多出版社, 1978, 89쪽.

11 內務省警保局, 《所爲鮮人軍官學校事件關係者檢擧 一覽表》, 1936. 7.

12 이상흔(이영우의 조카, 1994년 80세, 경기도 성남시 분당구 서현동 거주) 증언. 이 이야기가 경주 일대에서 전해졌다는 사실을 장조카 이동영이 전했다(2000년 9월 11일, 대구광역시 수성구 신매동 자택에서).

13 박현수, 《원전주해 이육사 시전집》, 예옥, 2008, 250~251쪽.

14 李秉珏, 〈陸史兄님〉, 《朝鮮文人書簡集》, 三文社, 1936, 154쪽.

15 《眞城李氏遠遠臺世譜》.

16 〈季節의 五行〉, 심원섭 편저, 《원본 이육사 전집》, 집문당, 1986, 211쪽. 원문을 인용할 경우 원래 쓰인 글자대로 옮겨 쓰지만, 띄어쓰기만은 현대 어법에 맞게 고친다.

17 숙장을 맡은 이가 이충호라는 기록이 여럿 전해지고 있어서 이가호가 초대 숙장이라는 이야기는 착오로 보인다(《황성신문》 1910년 1월 12일; 신준영, 〈安東 寶文義塾 연구〉, 안동대 석사학위 논문, 2015, 23쪽).

18 이동영, 《한국독립유공지사열전》, 육우당기념회, 1993, 150~151쪽.

19 국사편찬위원회 편, 〈증인 李源祿 신문조서〉, 《한민족독립운동사자료집》 31, 1997, 194쪽. 여기에 자신의 처 안일양이 빠졌다. 그리고 형의 자식 가운데, 동환·동휘·동망은 모두 질녀이다. 동환은 동성東聖이라 불렸다(장조카 이동녕 증언).

20 이동영, 《오늘의 문학과 문학의 오늘, 이원조문학평론집》. 형설출판사, 1990, 8쪽.

21 이육사, 〈은하수〉, 심원섭 편저, 《원본 이육사 전집》, 집문당, 1986, 227쪽.

22 이원발李源發 증언, 1994년, 당시 83세, 안동시 신안동 거주.

23 국사편찬위원회 편, 〈증인 李源祿 신문조서〉, 《한민족독립운동사자료집》 31, 1997, 194쪽.

24 《皇城新聞》 1910년 1월 12일 자.

25 《皇城新聞》 1909년 12월 7일 자, 1910년 1월 12일 자.

26 〈陶山公立普通學校 學校沿革誌〉.

27 朝鮮總督府警務局, 〈軍官學校事件ノ眞相〉, 韓洪九·李在華 편, 《韓國民族解放運動史資料叢書》 3, 1988, 125쪽; 〈이원록 소행조서〉, 국사편찬위원회 편, 《한민족독립운동사자료집》 30, 1997, 178쪽.

28 국사편찬위원회 편, 〈李活 신문조서〉, 《한민족독립운동사자료집》 30, 1997, 152쪽.

29 이원발 증언.

30 이동영(이육사 장조카) 증언, 1994년.

31 이동영 증언.

32 〈李活 신문조서〉, 국사편찬위원회 편, 《한민족독립운동사자료집》 30, 1997, 152쪽; 〈李源祿 소행조서〉, 같은 책, 178쪽.

33 〈李活 신문조서〉, 국사편찬위원회 편, 《한민족독립운동사자료집》 30, 1997, 152쪽.

34 〈李源祿 소행조서〉, 국사편찬위원회 편, 《한민족독립운동사자료집》 30, 1997, 178쪽.

35 이육사, 〈연인기戀印記〉, 《원본 이육사 전집》, 232쪽.

36 申石艸, 〈李陸史의 人物〉, 李東英, 《한국독립유공지사열전》, 육우당기념회, 1993, 80쪽.

37 백학학원 소재지는 《매일신보》 1924년 11월 30일 자; 《동아일보》 1925년 10월 23일 자에서 확인된다.

38 조인호, 〈영천지역의 교육사〉, 《骨伐》 2, 1996, 147쪽. 글쓴이가 1922년이라고 썼다가, 발표 뒤에 이를 바로 잡았다.

39 〈백학원생도모집요강〉은 조인호(영천향토사연구회장, 영천 산동중·영천공고 교사)가 제공하였다. 그가 근무하고 있는 영천 산동중·영천공고는 바로 백학학원을 계승한 학교이며, 때문에 퇴락한 백학학원 건물에 대한 소유권도 이 학교의 것으로 이어지고 있다.

40 국사편찬위원회 편, 〈李活 신문조서〉, 《한민족독립운동사자료집》30, 1997, 152쪽.

41 이동영李東英, 《한국독립유공지사열전》, 육우당기념회, 1993, 61쪽.

42 경북중고등학교칠십년사편찬위원회, 《경북중고등학교칠십년사》, 1986, 87쪽.

43 이동영, 《한국독립유공지사열전》, 육우당기념회, 1993, 61쪽.

44 정연활鄭淵闊(백학학원 출신, 영천 화남면 능계) 증언(1994).

45 김진화金鎭和, 《日帝下 大邱의 言論研究》, 禾多出版社, 1978, 139~140쪽.

46 《황성신문》 1910년 7월 29~31일 자; 김희곤, 〈安東 協東學校의 독립운동〉, 《우송조동걸선생정년기념논총 한국민족운동사연구》, 1997, 191~192쪽.

47 백학학원 동기생 정연활 증언.

48 〈신문조서〉 1934. 6. 17.

49 朝鮮總督府警務局, 〈軍官學校事件ノ眞相〉, 韓洪九·李在華 편, 《韓國民族解放運動史資料叢書》3, 1988, 125쪽. 〈이원록 소행조서〉에는 도쿄의 세이소쿠正則예비교에 1년 통학했다고 기록되어 있다(국사편찬위원회 편, 《한민족독립운동사자료집》30, 1997, 178쪽).

50 〈李活 신문조서〉, 국사편찬위원회 편, 《한민족독립운동사자료집》30, 1997, 152쪽.

51 金正明, 《朝鮮獨立運動》2, 東京: 原書房, 1967, 524쪽.

52 金泰燁, 《抗日朝鮮人의 證言》, 東京: 不二出版社, 1984, 90~91쪽.

53 김진화, 《日帝下 大邱의 言論研究》, 禾多出版社, 1978, 94쪽.

54 향토사교육연구회, 《대구역사기행》, 나랏말, 1996, 136~137쪽. 2층 붉은 벽돌 건물인 본관은 1982년에 동구 효목1동 망우공원 내로 옮겨지고 광복회 대구경북지부 건물로 사용되고 있다.

55 국회도서관, 《한국민족운동사료》(중국편), 1976, 291쪽.

56 《독립신문》 1923년 3월 4일 자.

김희곤, 《중국관내 한국독립운동단체연구》, 지식산업사, 1995, 166·180쪽.

57 朝鮮總督府 慶北警察部, 《高等警察要史》, 232~233쪽.

58 김희곤, 《중국관내 한국독립운동단체연구》, 지식산업사, 1995, 256쪽.

59 김창숙, 〈벽옹73년회상기〉, 《국역 심산유고》, 1979, 724~726쪽. 이완은 한주학 파의 대학자인 홍와弘窩 이두훈李斗勳의 아들인데, 중국국민당 정부의 중장을 역임하고, 해방 후 귀국하지 못하고 홍콩으로 망명한 뒤 작고하였다.

60 《조선일보》 1956년 5월 25일 자.

61 〈李源祿 소행조서〉, 국사편찬위원회 편, 《한민족독립운동사자료집》 30, 1997, 178쪽.

62 김영범, 〈이육사의 독립운동 시·공간과 의열단 문제―분석적 검토〉, 안동시· 한국근현대사학회, 한국독립운동사연구소, 《이육사의 독립운동과 민족문제 인 식》(이육사탄신100주년기념 독립운동사학술회의, 안동시민회관, 2004. 8. 1).

63 〈이육사가 다닌 중국대학 찾아냈다〉, 《한겨레》 2006년 6월 5일 자. 현장을 확인 하고 육사가 다닌 학교로 추정된다고 견해를 밝힌 사람은 김재용 교수(민족문학 연구소장, 원광대)와 오상순 교수(베이징 중앙민족대학 조선어언문학계)였다.

64 孫艶紅 교수(건국대)는 중귀대학의 존재 사실과 함께 그 부속 중학이 1952년에 베이징시 제29중학으로 바뀌었다면서, 중국 인터넷 자료를 알려 주었다(http:// www.bj29zhx.org/xxgk.htm).

65 박현수, 《원전주해 이육사 시전집》, 예옥, 2008.

66 홍석표, 〈李陸史의 중국 유학과 北京中國大學〉, 《中國語文學誌》 29, 2009, 81~108쪽.

67 박현수, 《원전주해 이육사 시전집》, 예옥, 2008, 273쪽.

68 홍석표, 〈李陸史의 중국 유학과 北京中國大學〉, 《中國語文學誌》 29, 2009, 88쪽.

69 가장 대표적인 이야기가 딸 이옥비의 증언인데, 육사가 '북경대학 사회학과' 다 녔다고 삼촌들이 이야기하는 것을 듣고 자랐다는 사실이다.

70 중귀대학에 대한 설명은 홍석표의 연구(〈李陸史의 중국 유학과 北京中國大學〉, 《中國 語文學誌》 29, 2009, 93~94쪽)를 기본으로 삼는다.

71 홍석표, 〈李陸史의 중국 유학과 北京中國大學〉, 《中國語文學誌》 29, 2009, 93 ~94쪽. 홍 교수는 2008년 현장을 답사하고, '中國大學 정문'이 옛 모양을 그대로 유지한 채 '中國敎育發展基金會'라는 간판을 달고 있고, 그 곁에 '北京市文物保護單位 鄭王府'라는 글씨가 새겨진 화강암 표지석이 있다고 밝혔다.

72 홍석표, 〈李陸史의 중국 유학과 北京中國大學〉, 《中國語文學誌》 29, 2009, 98쪽.

73 최석○, 〈대구 조선은행지점 폭탄범인을 법정에 보내기까지〉(지중세 역편, 《조선사상범검거실화집》, 돌베개, 1984, 133쪽).

74 국사편찬위원회 편, 〈李活 신문조서〉, 《한민족독립운동사자료집》 30, 1997, 151쪽.

75 〈예심결정서〉, 《동아일보》・《중외일보》 1929년 12월 2일 자.

76 순국의사장진흥기념사업회, 《滄旅 張鎭弘 義士》, 1992, 40쪽.

77 순국의사장진흥기념사업회, 〈1심판결문〉, 《滄旅 張鎭弘 義士》, 1992, 92~93쪽.

78 국사편찬위원회 편, 〈李活 신문조서〉, 《한민족독립운동사자료집》 30, 152쪽. 당시 대구지국 사무실은 남성정南城町(현 남성로)에 있었다.

79 《중외일보》에 기자로 근무하던 시절을 보여 주는 그의 서신이 한 장 남아 있다. 집안 아저씨 이영우에게 보낸 서신이 그것인데, 1930년 6월 6일 자로 된 글이다.

80 국사편찬위원회 편, 〈李活 신문조서〉, 《한민족독립운동사자료집》 30, 152쪽.

81 '말'이란 시가 육사의 다른 작품에 견주어 동떨어진다면서 그의 것이 아닐 수 있다는 의견도 여럿 있다. 그렇다고 다른 시인 '이활'이 발견되는 것도 아니다.

82 《중외일보》 1930년 1월 21일 자.

83 《중외일보》 1930년 4월 21일 자, 5월 20일 자.

84 이원기의 편지(이동영, 《한국독립유공지사열전》, 육우당기념회, 1993, 64쪽). 李君兄弟 以檄文被嫌 二旬前被檢於大邱署 一君昨夕自邢抱病以歸 歸喜病驚 而卽使宜使診 症 症是不淺 且活君亦探其裡面 受苦非常方臥其監房云 想其危篤不言可得矣.

85 〈형사사건부〉.

86 《대구시사》, 1090~1091쪽.

87 《동아일보》 1931년 1월 22일 자.

88 김진화,《日帝下 大邱의 言論硏究》, 139~140쪽.

89 이상흔 증언.

90 〈형사사건부〉;《동아일보》1931년 3월 25일 자.

91 심원섭, 〈작가연보〉,《원본 이육사전집》, 411쪽.

92 이동영, 〈民族詩人 李陸史〉,《한국독립유공지사열전》, 육우당기념회, 1993,
 65쪽.

93 심원섭, 〈작가연보〉,《원본 이육사전집》, 411쪽.

94 김희곤,《중국관내 한국독립운동단체연구》, 지식산업사, 1995, 314쪽.

95 이동영, 〈민족시인 이육사〉,《한국독립유공지사열전》, 육우당기념회, 1993,
 65쪽.

96 《중외일보》1930년 4월 21일 자, 5월 20일 자.

97 장인환은 해방 후《대구시보大邱時報》업무국장과 미군정 시기 경북도지사를
 역임했다(金鎭和,《日帝下 大邱의 言論硏究》, 138~139쪽).

98 김진화,《日帝下 大邱의 言論硏究》, 87~88쪽.

99 朝鮮總督府 慶北警察部,《高等警察要史》, 165쪽.

100 朝鮮總督府 慶北警察部,《高等警察要史》, 168쪽.

101 국사편찬위원회 편, 〈李活 신문조서〉,《한민족독립운동사자료집》30, 1997,
 152쪽.

102 국사편찬위원회 편, 〈李活 신문조서〉,《한민족독립운동사자료집》30, 1997,
 152쪽.

103 국사편찬위원회 편, 〈李活 신문조서〉,《한민족독립운동사자료집》30, 1997,
 152쪽.

104 국사편찬위원회 편, 〈李活 신문조서〉,《한민족독립운동사자료집》30, 1997,
 152쪽.

105 국사편찬위원회 편, 〈증인 이원록 신문조서〉,《한민족독립운동사자료집》31,
 1997, 186쪽.

106 朝鮮總督府警務局, 〈軍官學校事件ノ眞相〉, 韓洪九·李在華 편,《한국민족해방
 운동사자료총서》3, 255쪽. 육사가 펑톈에 간 시기에 대해 위의 자료에도 3월

(125쪽) 혹은 4월(255쪽)로 각각 다르게 표기하고 있지만, 《조선일보》의 기사와 〈신문조서〉의 내용으로 보아 4월이 옳다.

107 박현수, 《원전주해 이육사 시전집》, 예옥, 2008, 276쪽. 6월 29일로 이해한 경우도 있지만, 소인 날짜가 6월 28일이고, 엽서에 적힌 날짜도 6월 28일 아침으로 읽는 것이 옳겠다.

108 이육사가 이상흔에게 보낸 엽서, 현대어로 고쳐 쓴 것.

109 〈李活 신문조서〉, 국사편찬위원회 편, 《한민족독립운동사자료집》30, 1997, 152쪽.

110 〈형사사건부〉;《매일신보》1932년 7월 23일 자.

111 오산동 주소는 朝鮮總督府高等法院檢事局思想部, 《思想彙報》제4호 114쪽(의열단 경영의 남경군관학교 전모 일부)에 따른다. 출생연도는 〈제적부〉에 1909년, 金正明, 《朝鮮獨立運動》2, 523쪽과 《思想彙報》4에는 1910년생으로 기록되어 있다.

112 《安東教會八十年史》, 1989, 159~160쪽.

113 朝鮮總督府警務局, 〈軍官學校事件ノ眞相〉, 韓洪九·李在華 편, 《한국민족해방운동사자료총서》3, 122쪽.

114 朝鮮總督府高等法院檢事局思想部, 《思想彙報》4, 114쪽.

115 양형석, 〈金始顯의 항일투쟁〉, 《안동사학》3, 1998, 147쪽.

116 윤세주는 육사와 더불어 군사간부학교 1기생으로 졸업한 뒤, 교관으로 발탁되고 1935년에 조선민족혁명당이 창당되자 중앙집행위원 겸 서기부원이 되었다. 이후 조선의용대 훈련주임을 거쳤으며, 조선의용대 병력 일부를 화베이로 진출시킨 뒤에는 화북조선청년연합회 진지위볜구晉冀豫邊區 부회장을 지냈다(강만길·성대경, 《한국사회주의운동인명사전》, 1996, 307쪽). 여기에서 말하는 진지위晉冀豫는 산서, 하북, 하남성 일대를 일컫는다. 1942년 5월 일본군 36사단을 비롯한 북지파견군 40만이 태항산 소탕작전을 벌일 때 팔로군과 조선의용대가 포위되어 반소탕전을 벌이던 윤세주는 편성偏城 화왕산花王山에서 진광화陳光華(본명 김창화金昌華, 조선의용대 화북지회장)와 더불어 전사하게 된다. 그래서 그의 무덤은 타이항산 석문촌 뒷산 공동묘지에 자리 잡고 있다(조동걸, 《독립군의 길따라 대륙을 가다》, 지식산업사, 1995, 279~280쪽).

117 이육사, 〈연인기戀印記〉, 《원본 이육사 전집》, 233쪽(밑줄은 필자 주).

118 강만길도 'S'를 윤세주로 이해하고 있다(강만길, 〈조선혁명간부학교와 육사 이활〉, 《민족문학사연구》8, 1995, 175쪽).

119 도진순, 《강철로 된 무지개》, 창비, 2017, 141~161쪽.

120 한상도, 《한국독립운동과 중국군관학교》, 문학과지성사, 1994, 162쪽.

121 독립운동사편찬위원회, 〈朝鮮民族運動年鑑〉, 《독립운동사자료집》7, 1973, 1414~1416쪽.

122 한상도, 《한국독립운동과 중국군관학교》, 문학과지성사, 1994, 228쪽.

123 한상도, 《한국독립운동과 중국군관학교》, 문학과지성사, 1994, 213쪽.

124 한시준, 《한국광복군연구》, 일조각, 1993, 28, 30쪽.

125 朝鮮總督府警務局, 〈軍官學校事件ノ眞相〉, 韓洪九·李在華 편, 《韓國民族解放運動史資料叢書》3, 1988, 441~469쪽.

126 朝鮮總督府警務局, 〈軍官學校事件ノ眞相〉, 韓洪九·李在華 편, 《韓國民族解放運動史資料叢書》3, 1988, 145쪽.

127 胡春惠 著, 辛勝夏 譯, 《중국 안의 한국독립운동》, 단국대출판부, 1978, 50쪽.

128 內務省警保局, 《社會運動의狀況》8, 東京: 三一書房, 1972, 1582쪽.

129 朝鮮總督府警務局保安課, 《高等警察報》4, 1935, 258쪽.

130 藤傑, 〈三民主義力行社의 한국독립운동에 대한 원조〉, 한국정신문화연구원 편, 《한국독립운동사자료집: 중국인사증언》, 박영사, 69쪽.

131 干國勳 증언, 〈중국특별훈련반과 조선의용대〉, 한국정신문화연구원 편, 《한국독립운동사자료집: 중국인사증언》, 박영사, 15~18쪽.

132 朝鮮總督府高等法院檢事局思想部, 《思想彙報》4, 1935. 9, 130쪽.

133 藤傑, 〈三民主義力行社의 한국독립운동에 대한 원조〉, 한국정신문화연구원 편, 《한국독립운동사자료집: 중국인사증언》, 67쪽; 〈이활 신문조서〉·〈이활 의견서〉, 〈愼秉垣 신문조서〉에는 산시먀오善寺廟로 기록되었다.

134 干國勳, 〈조선의열단원의 군사교육(1932~1936): 중국국민정부의 한국독립운동 지원의 단면사〉, 국방부전사편찬위원회, 《軍史》5, 1982, 140·144쪽.

135 干國勳, 위의 글, 140쪽; 金勝坤, 〈조선의열단의 창립과 투쟁〉, 《軍史》5, 127쪽.

136 朝鮮總督府警務局, 〈軍官學校事件ノ眞相〉, 한홍구·이재화 편, 《한국민족해방

운동사자료총서》3, 1988, 150~151쪽.

137 김희곤, 〈중국 속 광복군 유적지 현장을 가다〉5, 《동아일보》1992년 1월 22일자 11면.

138 과거에 여러 글에서 이춘암이 곧 이범석이라고 서술하기도 했지만, 여기에 등장하는 이춘암은 의열단원으로 이범석과 전혀 다른 인물이다. 이러한 잘못은 일본의 정보 문건에서 비롯하였다. 〈조선혁명간부학교(군관학교) 졸업자 송국에 관한 건〉(1936. 8. 24) 47쪽에 기록된 것이 이 오류의 발단이다. 이춘암은 의열단원으로서 1934년 중국국민정부 난징헌병사령부 우전검사소郵電檢査所 또는 난징사령부 대위로 근무하면서 김원봉만이 아니라 김구의 활동도 지원했다(金九 외 불령 조선인 동정에 관한 건, 1934. 4. 25). 《대한민국임시정부자료집》9권 군무부, 115·118쪽.

139 국사편찬위원회 편, 〈증인 이원록 신문조서〉, 《한민족독립운동사자료집》31, 1997, 187쪽.

140 국사편찬위원회 편, 〈증인 이원록 신문조서〉, 《한민족독립운동사자료집》31, 1997, 187쪽.

141 국사편찬위원회 편, 〈증인 이원록 신문조서〉, 《한민족독립운동사자료집》31, 1997, 190쪽.

142 국사편찬위원회 편, 〈증인 이원록 신문조서〉, 《한민족독립운동사자료집》31, 1997, 187쪽.

143 국사편찬위원회 편, 〈증인 이원록 신문조서〉, 《한민족독립운동사자료집》31, 1997, 188쪽.

144 국사편찬위원회 편, 〈증인 이원록 신문조서〉, 《한민족독립운동사자료집》31, 1997, 188쪽.

145 일본 경찰에 심문당하던 때 이육사의 답변에 대해 "나름의 자기방어책"으로 표현한 연구가 적절해 보인다(김영범, 《혁명과 의열》, 경인문화사, 2010, 578쪽).

146 국사편찬위원회 편, 〈증인 이원록 신문조서〉, 《한민족독립운동사자료집》31, 1997, 188쪽.

147 국사편찬위원회 편, 〈李活 신문조서〉, 《한민족독립운동사자료집》30, 1997,

154쪽.

148 朝鮮總督府警務局,〈軍官學校事件ノ眞相〉, 한홍구·이재화 편,《한국민족해방
운동사자료총서》3, 249~252쪽.

149 朝鮮總督府警務局,〈軍官學校事件ノ眞相〉, 한홍구·이재화 편,《한국민족해방
운동사자료총서》3, 370~375쪽.

150 朝鮮總督府警務局,〈軍官學校事件ノ眞相〉, 한홍구·이재화 편,《한국민족해방
운동사자료총서》3, 297~298쪽.

151 朝鮮總督府警務局,〈軍官學校事件ノ眞相〉, 한홍구·이재화 편,《한국민족해방
운동사자료총서》3, 255쪽;《思想彙報》4, 116쪽.

152 朝鮮總督府警務局,〈軍官學校事件ノ眞相〉, 한홍구·이재화 편,《한국민족해방
운동사자료총서》3, 147~150쪽.

153 朝鮮總督府警務局,〈軍官學校事件ノ眞相〉, 한홍구·이재화 편,《한국민족해방
운동사자료총서》3, 151~153쪽.

154 이동영,《한국독립유공지사열전》, 육우당기념회, 1993, 62쪽.

155 국사편찬위원회,〈李活 신문조서〉,《한민족독립운동사자료집》30, 1997,
176쪽.

156 한상도,《한국독립운동과 중국군관학교》, 문학과지성사, 1994, 266쪽.

157 한상도,《한국독립운동과 중국군관학교》, 문학과지성사, 1994, 265~266쪽.

158 조선혁명간부학교(군관학교) 졸업자 송국에 관한 건, 1936. 8. 24.

159 삼십절병원三十節病院이란 표현은 삼일정병원三一節病院의 잘못이 아닌가 짐작
한다. 3월 10일이 특별한 날짜가 아닌 것 같은데, 일본어 초서로 적힌 신문조서
자체에 문제가 있었을 것으로 추정된다.

160 조선혁명간부학교(군관학교) 졸업자 송국에 관한 건, 1936. 8. 24;〈金公信 신문
조서〉(제2회), 국사편찬위원회,《한민족독립운동사자료》31, 1997, 149~150쪽.

161 국사편찬위원회 편,〈증인 이원록 신문조서〉,《한민족독립운동사자료집》31,
1997, 192쪽.

162 朝鮮總督府警務局,〈軍官學校事件ノ眞相〉, 한홍구·이재화 편,《한국민족해방
운동사자료총서》3, 1988, 170~175쪽.

163 한상도, 《한국독립운동과 중국군관학교》, 문학과지성사, 1994, 288쪽.

164 社會問題資料硏究會 編, 《思想情勢視察報告集》 2, 京都: 東洋文化社, 1976, 252쪽.

165 金勝坤 證言, 한상도, 《한국독립운동과 중국군관학교》, 문학과지성사, 278쪽에서 재인용.

166 한상도, 《한국독립운동과 중국군관학교》, 문학과지성사, 1994, 288쪽.

167 국사편찬위원회 편, 〈증인 이원록 신문조서〉, 《한민족독립운동사자료집》 31, 1997, 192쪽.

168 염인호, 〈의열단의 국내 대중운동(1929~1935)〉, 《이원순교수정년기념사학논총》, 1991, 378쪽.

169 국사편찬위원회 편, 〈李活 신문조서〉, 《한민족독립운동사자료집》 30, 1997, 157쪽. 육사는 다른 신문조서에서 30원을 받았다고 말했다(국사편찬위원회 편, 〈증인 이원록 신문조서〉, 《한민족독립운동사자료집》 31, 1997, 193쪽).

170 국사편찬위원회 편, 〈李活 신문조서〉, 《한민족독립운동사자료집》 30, 1997, 158쪽.

171 육사는 24일, 신병환은 28일, 김공신은 30일경으로 진술하였다(국사편찬위원회 편, 〈증인 이원록의 신문조서〉, 《한민족독립운동사자료집》 31, 1997, 193쪽; 〈愼秉桓 신문조서〉, 같은 책 31, 181쪽; 〈金公信 신문조서〉 제3회, 같은 책, 155쪽).

172 국사편찬위원회 편, 〈金公信 신문조서〉(제3회), 《한민족독립운동사자료집》 31, 1997, 155쪽.

173 국사편찬위원회 편, 〈증인 이원록의 신문조서〉, 《한민족독립운동사자료집》 31, 1997, 193쪽.

174 국사편찬위원회 편, 〈金公信 신문조서〉(제3회), 《한민족독립운동사자료집》 31, 1997, 155쪽.

175 이육사, 〈戀印記〉, 《원본 이육사 전집》, 232~233쪽.

176 김영범, 《혁명과 의열―한국 독립운동의 내면》, 경인문화사, 2010, 580쪽.

177 국사편찬위원회 편, 〈증인 이원록 신문조서〉, 《한민족독립운동사자료집》 31, 1997, 193쪽.

178 국사편찬위원회 편, 〈李活 신문조서〉, 《한민족독립운동사자료집》30, 1997, 157쪽.

179 국사편찬위원회 편, 〈愼秉桓 신문조서〉, 《한민족독립운동사자료집》31, 1997, 181쪽.

180 국사편찬위원회 편, 〈李活 신문조서〉, 《한민족독립운동사자료집》30, 1997, 157쪽.

181 국사편찬위원회 편, 〈金公信 신문조서〉, 《한민족독립운동사자료집》31, 1997, 155쪽.

182 국사편찬위원회 편, 〈증인 이원록 신문조서〉, 《한민족독립운동사자료집》31, 1997, 193쪽.

183 朝鮮總督府警務局, 〈軍官學校事件 ノ 眞相〉, 한홍구·이재화 편, 《한국민족해방운동사자료총서》3, 1988, 255쪽; 국사편찬위원회 편, 〈李活 신문조서〉, 《한민족독립운동사자료집》30, 1997, 157~158쪽; 국사편찬위원회 편, 〈증인 이원록 신문조서〉, 《한민족독립운동사자료집》31, 1997, 193쪽.

184 국사편찬위원회, 〈증인 이원록 신문조서〉, 《한민족독립운동사자료집》31, 1997, 193쪽.

185 朝鮮總督府警務局, 〈軍官學校事件 ノ 眞相〉, 한홍구·이재화 편, 《韓國民族解放運動史資料叢書》3, 1988, 255쪽; 국사편찬위원회 편, 〈李活 신문조서〉, 《한민족독립운동사자료집》30, 1997, 157~158쪽; 국사편찬위원회 편, 〈증인 이원록 신문조서〉, 《한민족독립운동사자료집》31, 1997, 193쪽.

186 이육사, 〈魯迅追悼文〉, 심원섭, 《원본 이육사 전집》, 145~146쪽.

187 金正明, 《朝鮮獨立運動》2, 東京: 原書房, 1967, 524쪽; 朝鮮總督府警務局, 〈軍官學校事件 ノ 眞相〉, 한홍구·이재화 편, 《한국민족해방운동사자료총서》3, 1988, 125쪽: 국사편찬위원회 편, 〈李活 신문조서〉, 《한민족독립운동사자료집》30, 1997, 152쪽.

188 朝鮮總督府警務局, 〈軍官學校事件 ノ 眞相〉, 한홍구·이재화 편, 《한국민족해방운동사자료총서》3, 1988, 125쪽.

189 국사편찬위원회 편, 〈李活 신문조서〉, 《한민족독립운동사자료집》30, 1997,

158쪽. 1935년 5월 현재에도 문명희의 집에서 거주하고 있었다(국사편찬위원회 편, 〈증인 이원록 신문조서〉, 《한민족독립운동사자료집》 31, 1997, 185쪽).

190 국사편찬위원회 편, 〈李活 신문조서〉, 《한민족독립운동사자료집》 30, 1997, 157쪽.

191 국사편찬위원회 편, 〈李活 신문조서〉, 《한민족독립운동사자료집》 30, 1997, 164·167쪽.

192 국사편찬위원회 편, 〈증인 이원록 신문조서〉, 《한민족독립운동사자료집》 31, 1997, 185쪽. 여기에 등장하는 이상호는 조선공산당에 관계했던 대구 남산동 출신이라 짐작된다. 일제 기록에는 대구 남산정南山町 출신인 이상호(1927년 당시 34~35세)가 제2차 조선공산당에 관계하고, 1934년 당시 '도주중逃走中'이라고 적혀 있다(朝鮮總督府, 《國外に於ける容疑朝鮮人名簿》, 1934, 287쪽).

193 혹은 5월 22일에 체포되었다는 기록도 있다(朝鮮總督府警務局, 〈軍官學校事件ノ眞相〉, 한홍구·이재화 편, 《한국민족해방운동사자료총서》 3, 1988, 125쪽).

194 국사편찬위원회 편, 〈이원록 소행조서〉, 《한민족독립운동사자료집》 30, 1997, 178쪽.

195 1934년 서대문형무소 기록 카드.

196 국사편찬위원회 편, 〈이원록 소행조서〉, 《한민족독립운동사자료집》 30, 1997, 178쪽.

197 朝鮮總督府警務局, 〈軍官學校事件ノ眞相〉, 한홍구·이재화 편, 《한국민족해방운동사자료총서》 3, 1988, 125쪽, 255~256쪽.

198 그에 대한 신문조서에는 양반으로 기록되어 있다(국사편찬위원회 편, 〈증인 이원록 신문조서〉, 《한민족독립운동사자료집》 31, 1997, 185쪽).

199 이명자, 〈새 자료를 통해 본 이육사의 생애〉, 《文學思想》 1976년 1월호, 233쪽.

200 만주국은 일본의 만주 침공 이후 5개월 남짓 지난 1932년 3월 1일 수립 선포되었다. 여기에 나오는 신징新京헌병대는 신징에 주둔하던 일본관동군사령부 소속 헌병대를 뜻할 것이다.

201 金正明, 《朝鮮獨立運動》 2, 東京: 原書房, 52~525쪽; 朝鮮總督府警務局, 〈軍官學校事件ノ眞相〉, 한홍구·이재화 편, 《한국민족해방운동사자료총서》 3, 1988,

122쪽.

202 심원섭, 《원본 이육사 전집》, 집문당, 1986, 264쪽.

203 《朝鮮日報》 1933년 8월 1일 자.

204 〈새로 발굴된 산문 '대구 장 연구회 창립을 보고서'(대구지국 이활)〉, 박현수, 《원전주해 이육사 시전집》, 예옥, 2008, 239~242쪽.

205 신석초, 〈이육사의 추억〉, 《현대문학》 1962년 12월호, 239쪽. 한시 3편은 〈謹賀石庭先生 六旬〉, 〈晩登東山〉, 〈酒暖興餘〉 등이다.

206 앞에서도 말한 것처럼, 〈말〉의 저자 '이활'이 육사가 아닐 수 있다는 주장은 꾸준히 나왔지만, 그렇다고 달리 육사가 아닌 다른 시인을 찾기도 힘들다.

207 국사편찬위원회 편, 〈증인 이원록 신문조서〉, 《한민족독립운동사자료집》 31, 1997, 185쪽.

208 〈작가연보〉, 심원섭, 《원본 이육사 전집》, 집문당, 1986, 412쪽.

209 《朝鮮文人書簡集》, 三文社, 1937(초판 1936), 154쪽.

210 이동영, 〈민족시인 이육사〉, 《한국독립유공지사열전》, 육우당기념회, 1993, 61쪽.

211 도진순, 《강철로 된 무지개》, 창비, 2017, 308쪽(도진순이 새로 추적하여 정리한 연보에 따른다).

212 《文章》 1939년 8월호.

213 이식우(1994년, 포항 용흥동 거주)는 육사가 형제들과 간혹 찾은 일이 있던 수봉정의 인물로 수봉의 조카이다. 중동학교를 다닐 때 육사를 처음 만난 이식우가 일본 유학에서 돌아와 1943년에 옥룡암에서 요양하고 있다가 이곳을 찾아온 육사를 만난 것이다.

214 신석초, 〈이육사의 인물〉, 이동영, 《한국독립유공지사열전》, 육우당기념회, 1993, 83쪽.

215 신석초, 〈이육사의 인물〉, 이동영, 《한국독립유공지사열전》, 육우당기념회, 1993, 82쪽.

216 김진화, 《日帝下 大邱의 言論研究》, 108~109쪽.

217 도진순, 《강철로 된 무지개》, 창비, 2017, 310쪽.

218 도진순, 《강철로 된 무지개》, 창비, 2017, 309쪽.

219 박훈산, 〈항쟁의 시인— 육사의 시와 생애〉, 《조선일보》 1956년 5월 25일 자.

220 〈신석초에게 보낸 편지〉, 심원섭, 《원본 이육사 전집》, 268쪽.

221 도진순, 《강철로 된 무지개》, 창비, 2017, 312쪽. 엽서 소인을 도진순이 쇼와昭和 11년(1936)이 아니라 17년(1942)으로 판독한 것이 옳아 보인다.

222 조인호(영천향토사연구회장)가 수집한 증언 참조.

223 여기에서 한 가지 전제되어야 할 사실이 있다. '이활'이라는 이름으로 발표된 시사평론이 모두 육사의 작품인지 확실하지 않다는 점이다. 조심스럽기는 하지만, 그동안 그의 작품을 모아 담은 전집(심원섭 편주, 《원본 이육사 전집》, 집문당, 1986)과 작품 연보(박현수, 《원전주해 이육사 시전집》, 예옥, 2008)를 비롯하여 곳곳에 소개되어 온 글들을 중심으로 다루어 본다.

224 〈루쉰추도문魯迅追悼文〉은 그 성격이 시사평론과 문학평론의 중간쯤 되는 것이지만, 필자는 이를 시사평론으로 분류하고자 한다.

225 이갑기는 창간임시호에 〈세계만화월사世界漫畵月史〉도 기고하였다.

226 《동아일보》 1931년 1월 22일 자.

227 신석초, 〈이육사의 인물〉, 이동영, 《한국독립유공지사열전》, 육우당기념회, 1993, 82·85쪽.

228 김진화, 《日帝下 大邱의 言論硏究》, 150쪽.

229 김진화, 《日帝下 大邱의 言論硏究》, 165쪽.

230 도진순, 《강철로 된 무지개》, 창비, 2017, 314쪽.

231 君何中原我達邱 後方留約每關愁

八方豪俊同趨路 一局風雲急變秋

月景憑知燕戊鴈 旅情安涉鴨江舟

眠獅欲起狐將退 雪滿乾坤杖劍遊

〈북경 가는 육사 이활을 보냄〉

그대는 북경으로 나는 달구벌, 언제나 남긴 약속 마음에 걸려

온 나라 호걸들의 함께 가는 길인데, 세계의 바람구름 급히 변한 판국일레

연경의 달 경지는 기러기에 전해 주렴, 부디 몸조심하게 압록강 배 건널 때

잠든 사자 깨려할 제 여우야 물러가리, 온누리엔 흰 눈인데 칼을 집고 떠나가네

(李善長, 《東山詩集》, 창성출판사, 1979, 20쪽).

232 김진화, 《日帝下 大邱의 言論研究》, 154쪽.

233 김진화, 《日帝下 大邱의 言論研究》, 141~142쪽.

234 이병희 증언(2004년 필자 연구실), 이병희는 이선장을 이장선이라 회고했다.

235 韓國光復軍總司令部成立典禮式來賓題名(독립기념관 소장).

236 1943년까지는 타이항산이, 1944년 이후에는 옌안이 중심 근거지였다.

237 이정식·한홍구, 〈독립동맹, 피의 투쟁서〉, 《항전별곡》, 거름, 1986, 121~125쪽; 조동걸, 《독립군의 길 따라 대륙을 가다》, 지식산업사, 1995, 275~276쪽.

238 한홍구, 〈화북조선독립동맹의 조직과 활동〉, 서울대 석사학위 논문, 1988, 67쪽.

239 독립운동사편찬위원회, 《독립운동사》 8, 1975, 198~199쪽.

240 한시준, 〈1940년대 전반기의 민족통일전선운동〉, 《대한민국임시정부의 좌우합작운동》, 한울, 1995, 169쪽.

241 강만길, 〈조선혁명간부학교와 육사 이활〉, 《민족문학사연구》 8, 1995, 177쪽.

242 도진순, 《강철로 된 무지개》, 창비, 2017, 141~161쪽.

243 이옥비 증언. 이규호는 1920~1930년대에 안동 지역에서 청년운동과 신간회 안동지회 활동에 참가한 인물이다.

244 신석초, 〈이육사의 인물〉, 이동영, 《한국독립유공지사열전》, 육우당기념회, 1993, 86쪽.

245 이동영, 〈민족시인 이육사〉, 《한국독립유공지사열전》, 육우당기념회, 1993, 67쪽.

246 이명자, 〈새 자료를 통해 본 이육사의 생애〉, 《문학사상》 1976년 1월호, 232쪽.

247 1994년 대구문화방송 공재성 PD와 필자가 육사 탄신 90주년, 순국 50주기를 기념하여 다큐멘터리를 제작하는 과정에서 서울에 살고 있던 이병희 여사를 찾아내고, 그의 증언으로 육사의 다양한 활동 내용을 복원했다.

248 이병희(1917년 1월 14일생) 증언(1994년 8월, 당시 77세, 서울 서대문구 창천동 자택; 1995년 2월, 안동대학교 필자 연구실).

249 이병희의 회고에는 육사가 베이징에서 머물 때 《매일신보》 신문 보급소를 운

영하던 이상우의 집에서 잠시 지냈는데, 육사 순국 직후 이병희가 화장 비용을 일본 앞잡이 이상우에게 받았다고 회고했다. 신문 보급소를 운영했다면 아마도 이상호李相昊가 옳을 것 같다(2004년 필자 연구실).

250 최근 중국의 연구는 이 기관을 문화 특무기관이라고 평가하기도 한다. 중국의 고서를 수집한다거나 번역하는 일을 비롯하여 베이징 원인猿人을 비롯한 역사 유물과 유적을 조사하는 일, 관련된 인물들을 회유하거나 포섭하는 것 등 문화 공작 임무를 맡은 기관이라는 것이다. 이에 대한 추적과 규명이 아직 부족하다.

251 方軍,《我認識的鬼子兵》, 中國對外翻譯出版公司, 1997.

252 《北京晨報》2015년 8월 31일 자. 28호 건물에 살던 펑원화彭文華(1929년생)라는 여인이 이곳에서 일본군의 고문을 받았다고 알려졌지만, 사실은 일본 패망 이후 중국 국공내전에서 생긴 일이었다.

253 이병희의 증언으로 이재유 관련 투쟁을 확연하게 정리할 수 있던 것도 큰 소득 이다.

찾아보기

이육사,
시인이기 전에 독립투사

2024년 7월 2일 개정판 1쇄 인쇄
2024년 7월 9일 개정판 1쇄 발행

글쓴이	김희곤
펴낸이	박혜숙
디자인	이보용 김진
펴낸곳	도서출판 푸른역사

우) 03044 서울시 종로구 자하문로8길 13

전화: 02)720−8921(편집부) 02)720−8920(영업부)

팩스: 02)720−9887

전자우편: 2013history@naver.com

등록: 1997년 2월 14일 제13−483호

ⓒ 김희곤, 2024

ISBN 979−11−5612−279−1 03900

· 잘못 만들어진 책은 교환해드립니다.